**Vorab gilt mein Dank
meiner guten Freundin Susanne.**
Sie ist die erste, die mit der von mir in
diesem Libellus vorgestellten *Schwellen-
Methodik zur Entscheidungsfindung* gear-
beitet hat.
Sie hat sie dabei – ganz ausserhalb von Land
und Stadt – auf eine Beziehungs-Thematik
übertragen. Erfolgreich!

Susanne Vathke – Trainerin und Coach

**Mitglied im Verbund
'Manager in Excellence'**

C 2017

Herstellung und Verlag
BoD - Books on Demand
Norderstedt

ISBN 9783739208985

Lust auf Land
vs.
Lust auf Stadt ?

Die Schwelle ist die Quelle !

Doku-Traktat

Karl Niemann

Karl Niemann Theol. - Age Manager

**Mitglied im Verbund
'Manager in Excellence'**

**Dank an die Interviewpartnerinnen
und Interviewpartner,
die absprachegemäß nicht namentlich genannt
werden,
und an die Auskunft gebenden Organisationen**

* Stattbau Stadtentwicklungsgesellschaft, Berlin
* Gemeinsame Landesplanung Brandenburg-Berlin,
  Potsdam
* Stadt Umland NRW Landeshauptstadt
  Stadtplanungsamt, Düsseldorf
* Stadt-Umland-Management Wien-Niederösterreich,
  Wien
* ZTG Zentrum für Telematik und Telemedizin, Bochum

Literarische Anleihen zum Doku-Traktat erfolgten bei:

* Peter Handke 'Der Chinese des Schmerzes', 1983
* Johann Wolfgang von Goethe 'Wilhelm Meisters
  Lehrjahre', 1795
* Martin Buber 'ICH und DU', 1923
* Karl Niemann, „... und verschwende dich nicht!“,
  2017
* Bibel (Zürcher Bibel), Altes Testament,
  Kohelet (Prediger), Kapitel 3 + Psalm 90
* Wikipedia, Die freie Enzyklopädie,
  Suchwort „Schwelle“

„Jeder ist Planer seines Raumes,
ein Raumplaner!"

Karl Niemann (2017)

„Die einzige Zeit, die wir wirklich beherrschen
können, ist die Zukunft.
Sie können wir nach unseren Wünschen formen."

Baltasar Gracian y Morales (1650)

INDEX

ANNEX A

ANNEX B

Wohnformen für 'aufm Land' und 'in der Stadt'   130
- ein offenes Listing als Anregung

Wohnen für Miete

Wohnen als Eigentümer

Wohnen in Gemeinschaft

Wohnen für Hilfe

Wohnen auf Zeit

WG bzw. Community

Wohnen und Arbeit

Wohnen und Werkstatt

Wohnen und Geld verdienen

Wohnen und Kinderhort

Wohnen und Ferienlager

Wohnen und Projektwoche

Wohnen und Bauernhof

Wohnen und Laden

Wohnen und Atelier

Wohnen und Studio

Wohnen und Café

Wohnen und Boutique

Wohnen und Sport

Wohnen und Theater

Wohnen und Musik

Wohnen und Bücherzirkel

Wohnen und Gesundheit

Wohnen und Sicherheit

Wohnen und Geselligkeit

Wohnen und Aktivitätsmanagement

Wohnen und ...

Das Doku-Traktat

1
**Eberhard Gebauer, Manager in Excellence,
schreibt an den Schwellenfinder Karl Niemann**

Lieber Karl.
Wir wissen doch: Keiner wird als Stadtkind oder Landkind geboren. Erst in dem Aufwachsen trennt sich die Landspreu vom Stadtweizen. Alles fließt. Stadt, Land, (im) Fluss – und schon mal durcheinander. Wenn wir unsere kleine Innenstadt in Benrath aufsuchen wollen, heißt es: „Wir gehen ins Dorf". Oder: Die Zeitschrift Landlust wird vorwiegend von Städtern gelesen (von einer Zeitschrift Landfrust habe ich noch nie gehört).
Im Land lässt es sich gut leben, wenn das Städtische nah ist. Das Städtische kann auch der Landbewohner im Kopf haben. Schließlich trennen die Medien und das TV nicht ihre Inhalte oder Sendungen nach Stadt und Land.
Wer auf dem Land lebt, muss mehr fürs Leben tun. Dem Städter liegt das Städtische zu Füßen, er muss sich nur aufraffen, bücken und es aufheben. Der Ländler muss sein Leben selbst gestalten. Der Community-Geist weht dort viel stärker als der Wettbewerb der Stadt „wer kann am Besten unterhalten?". IKEA fragt beide, Ländler und Städter: Wohnst du noch oder lebst du schon? Wenn im kleinen Ort abseits der Großstadt die Freiwillige Feuerwehr unterwegs ist, fährt der ganze Ort in Gedanken mit.
Künstler, Schriftsteller und Schauspieler wohnen auf dem Land als auch in der Stadt. Jeder Ort hat seine Lebensqualität.

Alles hat seinen Wert, ob Stadtleben oder Landleben.

Es wird deutlich, dass der Weg zur Weichenstellung zwischen Stadt und Land nicht nur ein akutes sondern auch ein gesellschaftspolitisches Beispiel für Wohnen und Leben aufzeigt.

Hierfür hast du mit dem „Schwellen-Quellen-Thema" eine Check-Liste entwickelt. Sie nimmt die Menschen in ihren Entscheidungen an die Hand und führt sie Schritt für Schritt nachvollziehbar und transparent zu einer begründeten Erfüllung ihrer Wünsche. Auch andere Entscheidungslagen lassen sich mit dem Schwellen-Raster anpacken und mit der Kombination von Herz und Verstand lösen. Beispiele wären berufliche Veränderungen oder partnerschaftliche Schief-lagen.

Im Ergebnis gehst du von deinen eigenen Erfahrungen aus und stellst dich damit auf Augen-, Herz- oder Bauchhöhe. Du bietest im Kern ein Dreierpaket von Schwellen-Lösungen an. Man erkennt darin Strukturen für ein oft sichtbares oder auch unsichtbar ausuferndes Netz von Entscheidungs-(verhinderungs)situationen.

Das Buch fällt auf durch seinen eigenwilligen und stringent durchgezogenen Aufbau. Es findet damit in der Tat eine interessante Lücke im unzählbar großen Teich der Lebensratgeber. Es liefert eben keine alt- oder neunmalklugen Ratschläge, sein Leben zu ändern, sich Zettelappelle an Kühlschränke oder Autocockpits zu kleben. Es vermittelt vielmehr Gedanken- und Entscheidungsraster. Es nimmt den Leser mit auf die Entscheidungsreise von Schwelle zu Schwelle und das ganz ohne Schwellenangst, die manche Bücher oder Berater gern aber meist wirkungslos vermitteln. Denn Ratschläge von oben aus der Sicht der Besserwisser finden beim Menschen keinen richtigen Zugang sondern nur oberflächliche schnell verfliegende Begeisterung.

Für den einen oder anderen Leser mag der Titelbegriff der Schwelle selbst zu einer Schwelle der Zugänglichkeit werden. Und in der Tat gehört der Begriff der Schwelle nicht zu den Rennern der angewandten Sprache. Nicht ohne Grund wird dieser Begriff historisch, philosophisch und literarisch beleuchtet. Je weiter man sich vertiefend fortliest, desto mehr tritt die Auffälligkeit des Begriffs in den Hintergrund und wird zu einem vertrauten Begleiter.

Bei Schwelle denken viele an die Schwellen der Eisenbahn, die Tragfähigkeit, Festigkeit und Stabilität vermittelt. Schwellen sind bei dieser Betrachtungsweise Grundlagen der Mobilität und zugleich auch eine Möglichkeit, die natürlichen Schwellen der Fortbewegung auf dem Boden durch eine klare Schiene auf den Schwellen zu überwinden. Man kennt den Begriff aus Worten wie mit stolzgeschwellter Brust, was auch noch gut in den Kontext passt, vor allem nach erfolgter und erfolgreicher Lektüre dieses Libellus.

Die Schwelle und die Quelle passen nicht nur wegen der phonetischen Verwandtschaft zusammen. Denn eine Quelle kann zwar versiegen, wenn der Nachschub ausbleibt. Aber in aller Regel wird eine Quelle immer stärker und kräftiger bis sie im übertragenen Sinne zu einem breiten fließenden Strom von Ideen und Entscheidungen anwächst und die sich entgegensetzenden Schwellen zur Lösung einsetzt.

Die meisten Entscheidungen sind trotz aller Digitalisierung keine ja-nein Lösungen. Eine Vielzahl von Einstellungen und Erfahrungen, von Wissen und Vermuten, von Hoffen und Träumen legt sich wie eine Mischung grauer und weißer Wolken über den Raum. Unter diesem Teppich gewebter und erlebter Geschichte ist es schwierig, rationale Entscheidungen auch in emotionalen Momenten zu treffen, weil jedes Argument schnell mit einem Gegenargument neutralisiert wird.

Dass du im Mittelpunkt der „Schwellen-Lehre" die Waage zwischen Land und Stadt gewählt hast, ist kein Zufall.
Denn die Vorstellungen, Urteile und Vorurteile, was ist Stadt und was ist Land, sind auch durch subjektive Blickwinkel geprägt. Die Kinder werden schon früh an die Idyllen des Landes einerseits und die Wuseligkeit und Lautstärke an die mit Licht und Vielfalt gefüllten städtischen Räume herangeführt. Bei dem Vater der Wimmelbücher, Ali Mitgutsch, ist das Leben auf dem Land von Landwirtschaft, heimeligen Bauernhöfen, von Kirchen, Marktplätzen und Dorfteichen geprägt. Es wird im Verein gefeiert. Es gibt keine Probleme, die Tierärztin versorgt Pferde und Schweine vorbildlich. Trabantenviertel und Shopping-Parks im Speckgürtel der Städte würden ein solches Glanzbild stören.
In der Realität sind es aber häufig Bindemittel zwischen Land und Stadt – du sprichst von Zwischenstädten, ebenso die interviewten Experten für Raumplanung, in denen sich die Menschen aus beiden Richtungen treffen, vornehmlich zum Zwecke des Konsumierens. Auch Käfighaltung und Insektenvernichtungsmittel oder Gülle-probleme kommen in der heilen Welt des Landes nicht vor. Werden die Kinder

älter, lernen sie das Land von Liedern, in denen der Bauer die Rosse anspannt, kein schöner Land in dieser Zeit zu finden ist, die Menschen hoch auf dem gelben Wagen die goldenen Ähren schauen und gern auf dem Land bleiben wollen, aber der Wagen weiterrollt, vielleicht sogar in die Stadt. In seinem Wimmelbuch preist Ali Mitgutsch die Vorteile der Stadt mit Flughafen, Tierpark, Einkaufszentrum, Markt, Freizeitpark, Kino, Café, Schwimmbad und abendlicher City-Szene mit Autoverkehr, U-Bahn und stimmungsvoller Lichtwerbung.

Auch Udo Jürgens könnte mit der Schwellenmethode seine Auswahl der noch für ihn unbesuchten Städte von New York, Hawai und San Francisco ohne viel Musik klären. Die Instrumente des Schwellenansatzes (von dir mit S1 , S2, S3 bezeichnet) bringen Klarheit in die sich teils überlagernden teils widersprechenden Argumentationsketten.
Und noch etwas macht eine notwendige und anstehende Entscheidung schwierig.
Denn Land und Stadt haben für die Urteilsbildung unterschiedliche Startbedingungen. Umfragen nach der besten Lebensqualität beziehen nur Großstädte mit ein aber keine Landregionen oder kleinere Städte. Da muss man schon selbst raus aufs Land, um sich ein eigenes Urteil bilden zu können.

Was ist Stadt, was ist Land? Was will ich wirklich? Welche Vorkenntnisse habe ich jeweils? Diesen Fragen gehst du Schwelle um Schwelle nach. Gleich einem Kinderspiel, dem vom Gänseblümchenzupfen, gelingt die Umwandlung „Ich lieb sie, ich lieb sie nicht, ich lieb sie…".

Zum sogenannten guten Schluss zeigst du ein eindeutiges Entscheidungsergebnis auf und führst damit ein „gutes Ende" herbei.

Diesen guten Weg wünscht dir für den vorliegenden Libellus

Eberhard

Eberhard Gebauer - Manager in Excellence

2
Von der Schwelle zum Schwellenfinder

„Aller Anfang ist heiter, die Schwelle ist der Platz der Erwartung." Goethes Ausspruch in 'Wilhelm Meisters Lehrjahre' (1795) ist schon weit gefasst, weitergedacht.
Landläufig ist uns dieses Verständnis gemein: Auf Schwellen stösst man.
Es sind Hindernisse, zunächst einmal.
Von Einschnitten kann man sprechen, aber solche von denen es auf einer erhöhten Stufe weitergehen kann.
Das erklärt auch, dass ihnen eine besondere Tragfähigkeit zugesprochen wird. Da sind wir sogleich bei Johann Wolfgang von Goethe, ideell.
Materiell kennen wir es auch. Da reicht schon ein Blick in Wikipedia. Obenan steht die uns seit Kindheitstagen bekannte Bahnschwelle. Über die von Schwellen getragenen Gleise zu laufen war verboten und damit ein herrliches Tun. Und dann der Schwung den wir von Schwelle zu Schwelle mitnahmen – wir flogen gleichsam dahin!
Hier das Listing:

- Bahnschwelle, als Teil des Eisenbahnoberbaus
- Bremsschwelle, bauliche Erhebung auf der Fahrbahn
- Landeschwelle, Beginn der Landebahn auf einem Flugplatz
- Fachwerksschwelle, bestimmte Balken einer Fachwerkkonstruktion
- Türschwelle, Basis zwischen den senkrechten Teilen des Türrahmens

- Sohlschwelle, quer zur Strömungsrichtung eines Flusses verlaufendes Regelbauwerk
- Schwelle (Geomorphologie), Erhebungen der Erdoberfläche
- Reizschwelle, Grenzwert, ab dem ein äußerer Reiz wahrgenommen wird

Während die Schwellenbeispiele fast alle aus dem Bau- und Bodenbereich kommen, dem Arbeitsgebiet der Ingenieure und Architekten, so kennzeichnet die zuletzt genannte Reizschwelle eher das Arbeitsgebiet der Psychologen. Ich will's bei den Aufzählungen von Wikipedia belassen. Wenn mir nach und nach auch weitere Begriffe zu 'Schwelle' einfallen, so reichen diese für die Fortführung des Gedankens aus.
Ich möchte in diesem Doku-Traktat dem Schwellensucher oder noch richtiger, dem Schwellenfinder, das Wort geben.

Beide Herkunftsbereiche habe ich adaptiert und bewege mich da sehr frei. Schliesslich bin ich weder Architekt noch Psychologe.
Von Parteilichkeit also keine Spur!

Neben Johann Wolfgang von Goethe muss ich einen weiteren Vor-Denker mit Namen nennen, den Österreicher Peter Handke. Er lässt den Protagonisten in seinem Roman (von 1983) 'Der Chinese des Schmerzes' sagen:
„Ich bezeichne mich selber manchmal im Spiel als >Schwellenkundler< (oder auch >Schwellen-

sucher<)." Und an anderer Stelle: „Schwellen ausfindig zu machen und zu beschreiben, ist meine Leidenschaft geworden." Ein Bezug auf Goethe findet sich bei Handke nicht. Weit weg sind sie nicht voneinander.

Handke stellt die gefundene Bezeichnung und damit die Person des Protagonisten sehr konkret in eine Stadt-Land-Beziehung von Salzburg und seinem teils dörflichen teils zwischenstädtischen Umland.
Seine – mit gesetzten Worten vorgetragenen (besser: er lässt als Wortkünstler der Oswald-Wiener-Schule die Worte sich setzen) – Betrachtungen der Entwicklung von Stadt und Land tragen eine gehörige Spannung, wenn man das Thema dieses Doku-Traktats vor Augen hat:
Es geht schliesslich um ein Stadt-Land-Geschehen, mit zahlreichen Aspekten, zum Beispiel diesem:

Wie ich mir Attraktivität mit dem einen bei dem anderen erlebbar machen kann! Will heissen: Das Ländliche in der Stadt finden und das Städtische 'aufm Land'.

Die – dank Goethe und Handke gefundene – Begrifflichkeit von Schwellenkundler, Schwellensucher bzw. (jetzt von mir) Schwellenfinder schlägt aber alles.
Was habe ich nach einem solchen Begriff gesucht!

Und der Schwellenfinder ist jetzt Thema dieses Doku-Traktats, genauer:

Wie ich zum Schwellenfinder für wohnen und leben werde und zu Lösungen für 'aufm Land' und 'in der Stadt' komme!

Und über allem steht der Titel des Doku-Traktats:

> Die Schwelle ist die Quelle <.

3
Lust auf Land, Lust auf Stadt

Wie lange wohne ich, lebe ich jetzt schon wieder in dieser Stadt?
Ich zaudere mit dem Nachsinnen, mit der Antwort. Schliesslich spüre ich keine Resignation hier zu wohnen, dort zu leben, wo ich bin. Oder ist es Lust auf ein anderes Wohnen und Leben?
Wie dem auch sei!
Ich mach mir darüber später einen Kopf. So mein Spontanentschluss.
Viele, viele Jahre wohne ich jetzt schon in der Großstadt.
Zum ersten Mal in meinem Leben gehe ich zurück, zu den Anfängen meines Wohnens.
Die Elternhauszeit hake ich kurz ab.
Nach neun Jahren Kleinstadt mit wohnen und leben zwischen Ruhrsee und Bergwald gings ab in die Großstadt nebenan.
Ich zähle die Beziehungen vor der ersten Ehe, die zwei Ehen, die Beziehungen nach der zweiten Ehe.
Ehen sind markante Zeichen (auch Zeiten – natürlich!), dass man gewohnt und gelebt hat.
Gerade wenn Kinder mit im Haus waren! In beiden Ehen war es bei mir so. Beziehungen ausserhalb der Ehen zeitlich zu fassen, tu ich mich schwer.
Doch auch sie spielen sich ja nicht nur zwischen Tür und Angel ab. Auf der Tür-Schwelle könnte man auch sagen. Doch, die ersten schon mal unter der Dachrinne – wie es sprichwörtlich heißt.

Doch lebendig sind die Beziehungen nur im Zusammen-leben.

Ja, und Zusammenwohnen – jedenfalls phasenweise.

Schliesslich will man ja auch den Genuss eines Gemeinsam-Im-Bett-Liegens haben, für gewöhnlich. Auch bei getrennten Wohnungen!

'Gehen wir zu dir oder zu mir?' gehört da in die Rubrik der 'geflügelten Worte' in den ersten Flirtphasen. Auch für einen One-Night-Stand, ja, auch für Zeiten großer Verliebtheit. Alles in jedem Alter – klar!

Und damit sind wir <u>mitten auf der ersten Schwelle</u> in unserem Doku-Traktat. Der Fokus wäre hier 'Beziehung'.

Ob eine Entscheidung für Schwelle S1, S2 oder S3 gefunden werden wird, bleibt an dieser Stelle unbeantwortet.

Du darfst dich aber ruhig an eine Rückschau deiner eigenen Erlebniszeit wagen und zur Erklärung der genannten Begriffe am Ende dieses Kapitels nachsehen.

Ich habe mich gefragt, was bei mir den Spannungszustand ausgemacht hat, noch einmal all' die Jahre meines Lebens zu erfassen, um festzustellen wieviel Jahre ich auf dem Lande und wieviel in der Stadt verlebt habe. Denn – seit einiger Zeit mach ich mir 'nen Kopf, ob mal wieder ein Wohn- und Standortwechsel jetzt mir fürpass käme.

Ja, wenn man aufzeigen will, wieviele Jahre man wo gelebt hat, sprechen wir von 'verleben'. Das ist so üblich. Die Zeit hat man dann jeweils ver-lebt. Jeder kennt dies von 'Wo hast du denn deine Jugend verlebt?'! Da schwingt ein 'aus und vorbei' mit.

Ins Gedächtnis kommt mir sofort meine Zeit auf dem Lande.
Ich habe doch tatsächlich zweimal auf dem Dorf gelebt.
Jedes hatte 180 Einwohner.
Ist schon ulkig. Dieselbe Zahl!
Das erste Mal 11 Jahre lang am Niederrhein bei Düsseldorf,
2 Erwachsene und 2 Kinder. Die am nächsten liegende Stadt
Neuss hatte keine wirkliche Relevanz. Wenn es hieß 'Wir
fahren in die Stadt' – ob Einkauf, Essengehen, Kino, Theater,
Sportevent – dann war jedem klar: „Es geht nach Düsseldorf
– in 'ner halben Stunde sind wir da!"
Unser Dorf lag in ausgesprochen schöner Lage zwischen zwei
Schlössern, jeweils mit großem Baumbestand drumherum.
Unser Haus war das ehemalige Wohnhaus eines Bauern und
hatte sieben Zimmer mit Garten, Gartenhaus, Terrasse und
sonst noch was. Hunde, Katzen, auch anderes Getier
gehörten dazu. Zu Anfang wurde noch im Innenhof
geschlachtet, Schwein und Rind.
Einmal, mitten in der Nacht, holte mich der Bauer aus dem
Bett. Ich musste mithelfen, dass ein Kälbchen geboren
werden konnte. Das Ereignis hatte mich völlig geschafft. Ich
meine, mental. Ich war ja nicht nur bei der Tierwerdung
dabei gewesen. Nee, ich war Teil der Handlung.
Wenn ich dran denke, kommt mir jetzt noch ein Schauer.
Um nichts in der Welt will ich dieses missen.

Das klingt euphorisch. Ein selig machendes Landleben!
Ist es auch. Doch die negative Gegenseite hierzu hat ein
beachtliches Gewicht. Es darf in der Dorfschilderung nicht
vernachlässigt werden.
In der Kleinheit und Überschaubarkeit des Dörflichen bleibt
nichts anonym. Alles ist transparent. Selbst wenn du keine

Menschenseele von der Dorfstraße aus erkennst, darfst du sicher sein: Irgendjemand überblickt alles, mindestens hört er was oder sie.

Auch die Auseinandersetzungen und die Gewaltbereitschaft können hohe Wellen erzeugen.
Das mit der Gewalt bedarf der Erklärung.
Ich denke, es hat zwei Beweggründe:
Einerseits ist das Eigentumbewusstsein verbreiteter als in der Stadt, auch intensiver. Wenn da jemand an 'Hof und Scholle' kratzt, wird man schnell fuchsteufelswild. Wenn ein Bauer zu einem grimmigen 'Du bleibst von meinem Hof!' sich findet, meint er Person und Sache – aber auch alle und alles zum Hof Gehörige. Und wehe, wenn da an irgendwem oder an irgendetwas 'gekratzt' wird.
Zum anderen – und dieses halte ich noch für gewichtiger – erfasst das Töten von Tieren bei den Menschen das Bewusstsein für 'Gewalt muss sein'.
Denn es geht kein Tier freiwillig zur Schlachtbank. An das 'tierische Geschrei' ist man auf dem Dorf gewöhnt. Und wer das Blut des Getöteten in der Schüssel auffängt darf als erster von der leckeren Blutsuppe probieren. Meine Kinder und ich sind nicht rangegangen. Meine Ehefrau schon!

Der robuste Umgang mit Mitmensch und Tier ist sprichwörtlich:
Eben rustikal.
Wie ich als Lateiner (so der Name derer die in der Schule Latein lernen mussten, ich 9 Jahre) weiß, heißt es eigentlich nur 'ländlich'.

Das zweite Mal waren es 7 Jahre, 3 Erwachsene und 4 Kinder. Nur wenige Meter waren es bis zum Kamm des Erzgebirges, der dort gut 1000 Meter Höhe erreicht, mit Schnee-Winter von Ende Oktober bis Anfang April.

Wenn's in die Stadt ging – neben der Sommer-Limousine hatten wir zwei SUVs (braucht man dort, vor allem im Winter), kamen zwei Zielorte in Betracht: In Dresden waren wir in 40 Minuten, in Prag in 80 Minuten.

Unser Dorf lag zehn Kilometer von der deutsch-tschechischen Grenze entfernt. Unser Haus war früher zu DDR-Zeiten das Haus eines Oberbonzen, des Bürgermeisters der Gesamtgemeinde, besonders im Blick der DDR-Regierung, weil es eines der zwei Wintersportzentren war (wie ich hörte: mit einem fundierten Medizinbetrieb für die Verabreichung von Doping).

Unser Wohnbereich hatte zehn Zimmer, ein Riesen-grundstück drumherum und lag recht einsam zwischen Bach und Wald. Hunde, Katzen gehörten zum Haus; frühmorgens ästen Rehe vor den Fenstern.

Bevor ich ins Träumen komme, will ich kurz zusammen-fassen:

39 Jahre habe ich auf dem Lande (Dorf und Kleinstadt) gelebt und 35 Jahre in der Stadt (Großstadt). Die Zahlen nähern sich an. Seit 20 Jahren lebe ich in Düsseldorf. Die Großstädte zuvor waren das schöne Göttingen und das hässliche Hagen. Aber nebenan lag ja der Ort meiner Kindheit, die Kleinstadt Herdecke an der Ruhr. So häufig meine Besuche dort immer noch sind; ich freu mich jedesmal neu drauf. Und das obwohl ich außer meiner Friseurin dort keinen mehr kenne.

So kann ich generell für mich eine Lebenssituation mit einem Stadt-Land-Verhältnis von 50 : 50 annehmen.

Ich muss gestehen, dass ich das Landleben sehr schätze, obwohl ich immer wieder auch in Weltstädten eine Nebenwohnung habe, bisher in Amsterdam, Prag, Berlin. Im Moment zieht mich Wien an, auch weil mein Sohn dort studiert und sich in das Gebiet der Architektur einarbeitet.

> Weil mir das Land- und das Stadt-Leben über
> einen signifikanten Zeitraum so vieles an Qualität
> geboten habe – und ich weder das eine noch
> das andere präferiere, habe ich meinen Entschluss
> gefasst:

> *Mich selbst wie Interessenten zum Thema will
> ich aufklären, was es mit der Attraktivität von
> Stadt und Land als Lebensqualität auf sich hat.*

> *Und wie man <u>sich eindeutig entscheiden kann</u>,
> 'aufm Land' oder 'in der Stadt' zu wohnen.*

Tu es mir gleich und du kannst als Interessent schneller und genauer zur Entscheidung kommen, was künftig attraktiver oder passender ist, 'aufm Land' zu leben oder 'in der Stadt'.

Meine Erfahrungen als auch meine Befragungen sollen dabei die Schwellen ausfindig machen, damit du zu eindeutigen Entscheidungen kommen kannst, mindestens dass dir der Absprung in die eine oder andere Richtung leichter fallen kann.

So kann viel Veränderung eintreten oder alles – in neuer Qualität – beim Alten bleiben.

In jedem Fall haben wir erfahren und gelernt, wie wir Schwellen für wohnen und leben 'aufm Land' oder 'in der Stadt' finden und

- wie wir sie als Barriere akzeptieren
  > **Schwelle S1**,

- wie wir sie kreativ umgehen
  > **Schwelle S2**,

- wie wir sie überwinden und
  als Sprungbrett nutzen
  > **Schwelle S3**.

4
Schwellen für wohnen und leben HEUTE

Wer oder was ist die Schwelle in meinem Entscheidungs-horizont für wohnen und leben?
Wie, wo, wann, warum taucht die Schwelle in meinem Kopf auf?
Oder um mich herum, in meinem Ausdehnungsbereich den ich als persönliches Territorium wahrnehme?

Die Antwort kann schnell gefunden werden, wohlgemerkt: nicht die Lösung der erkannten und damit konkret gewordenen Problematik. Denn sie hat stets mit meiner Intention, etwas in Angriff zu nehmen, zu tun. Mich dafür einzusetzen, mich dabei durchzusetzen!
Eine positive Grundbereitschaft besteht also. Sie ist unum-gänglich.
So verstehe ich auch den zitierten Goethe-Ausspruch
„Aller Anfang ist heiter, die Schwelle ist der Platz der Erwartung".
Wir spüren, dass von der erreichten Schwelle ein Sprung in neues Terrain möglich ist. Handke spricht von 'Schwellen als Kraftorte' und erinnert an ein „fast vergessenes Sprichwort >Die Schwelle ist die Quelle<" (der Titel unseres Doku-Traktats!).

Die Messlatte ist ihres Namens würdig. Sie geht von 'das, was man zu tun beabsichtigt, sich selbst klarzumachen' bis zu 'andere davon zu überzeugen'.
Ich nehme mir also etwas vor.

Die Überlegung, was mich am Fortgang hemmt, kommt schnell. Drei Gedankengänge ringen miteinander. Resumees stellen sich ein.

Resumee / **Schwelle S1:**
Die Schwelle ist einfach zu hoch.
Ich resigniere/akzeptiere die Barriere
und lass von dem Vorhaben ab.

Resumee / **Schwelle S2:**
Die Schwelle lässt mich kreativ werden.
Ich überdenke noch einmal alles und
umgehe sie.

Resumee / **Schwelle S3**:
Die Schwelle fordert mich als Gegenüber
heraus. Ich nehme die Herausforderung an und
überwinde die Schwelle. Mehr noch, ich nutze
sie als Sprungbrett für weitere Aktivitäten.

Ich fühle mich gestärkt und jetzt stark – ausgelöst durch die Schwelle. Eben Kraftort und Quelle – wie wir schon aus berufenem Mund hörten.

Tauchen wir also ein in den Entscheidungsbereich für wohnen und leben 'aufm Land oder 'in der Stadt'.

Wie leicht finden wir zu der Feststellung:

„Ach, ich würde gern auf dem Lande leben, mehr an der Natur teilhaben."

Oder:
„Ja, in der Stadt zu leben, das hat was. Da kann ich noch am Leben teilnehmen."

Im Umkehrschluss könnte die Feststellung lauten:
In der Stadt gibt's keine Natur.
Und:
Auf dem Lande spür ich das Leben nicht (mehr).
Beides ist Quatsch!

Die Umkehr-Konsequenzen mögen zu hart fixiert sein. Doch sie sollen verdeutlichen, was Tendenzmeinungen mit eingeschränkter Authentizität wirklich besagen. Sie werden einfach 'rausgehauen' und mausern sich zu Fakenews – in der Regel und poetisch: 'blowing in the wind' (wir kennen alle Bob Dylans Song aus den Sechzigern).
Wirklichkeitsnah sind dagegen die Antworten in den von mir durchgeführten Gruppenbefragungen. Sie geben die Realität tendenziös wieder. Das ja!
Aber die Authentizität der spontan geäußerten Ansichten ist so und nicht anders.
Was sind Klischees anderes als Tendenzmeinungen!
Tendenziöse Tendenzen – aber realiter!
Und an die Wirklichkeit wollen wir doch heran.
Klar – sie auch teilweise neu aufrollen!

<u>Frag einmal **Leute aus der Stadt,** was Ihnen **zu wohnen und leben 'aufm Land'** einfällt.</u>
Ich tat es.
Bei den Antworten der Städter waren es nur wenige, die uns Lust aufs Landleben vermitteln können.

Hier die Auflistung; ich habe die Aussagen - in der Reihenfolge wie von der befragten Gruppe von Leuten zwischen 55 und 80 Jahren genannt - wiedergegeben. Es hat seinen Reiz, auch die Reihenfolge der Nennungen.
Lies selbst.

negativ fürs Land	*positiv fürs Land*
„Landei"	
„Nix Positives"	
„eigentlich keine Attraktivität"	
„keine Verkehrsanbindung"	
„kein Einkaufen"	
	„viel Grün"
	„frische Luft"
„zersiedelte Landschaft"	
	„Garten für die Kinder"
	„gut für Kinder, wenn sie klein sind"
„Aussicht in die Stadt zu ziehen, wenn die Kinder groß sind"	
„kein Amt"	
„kein Arzt"	
„kein Krankenhaus"	

Diese Gruppe der Befragten konnte sich – trotz der überwiegend negativen Ansichten zum Landleben – vorstellen,
dass ein sog. **Stück Stadt auf dem Land** neue positive Akzente fürs Landleben setzen kann;

hier die Nennungen:

„Promenierzone (auch mit Hund oder Pferd)"
„Schaufensterareal"
„Versorgung im Einkaufszentrum"
„Notfallzentrum"

<u>Wie die Befragten aus der Stadt ihr **Leben in der Stadt** beurteilen</u>, kannst du an diesen Nennungen sehen:

positiv für die Stadt
„Vielzahl Einrichtungen"
„Kultur"
„Vergnügen"
„Kinderbetreuung"
„vieles fußläufig zu erreichen"
„Auto ist kein 'Muss'"
„für nicht so bewegliche Leute ab 70"
„wenn man älter wird, sind die Ärzte da"

Die befragten Städter konnten auch zu der Idee 'ein Stück **Land in der Stadt**' einen Beitrag leisten.
Einen kurzen. OK.

Genannt wurden:
„Ein Garten entfernt vom Haus, wie Schrebergarten"
„Park"
„begrünte Innenhöfe"

Diese eine Skizzierung einer Befragung gibt ein Bild, das in den Befragungen mit Leuten aus der Stadt recht häufig wiederkehrte, auch in Einzelbefragungen.

Inhaltlich anders war es, wenn die Befragungen auf dem Lande waren.

Bevor ich hierzu komme, möchte ich auf einen Hinweis aus dem Publikum der Stadtleute eingehen: „Jede Stadt war mal Dorf".

Im Grunde erklärt diese Feststellung, warum die Befragten aus der Stadt froh sind, in der Stadt zu wohnen und zu leben. Sie fühlen, dass sie als Städter bevorzugt an der Entwicklung der Menschheit teilhaben. Sie brauchen sich nicht zurück-gesetzt zu fühlen wie jene die auf dem Land leben.

Assoziationen von 'zurückgeblieben sein' und 'vom Land kommen' sind weit verbreitet. Jede und jeder kennt sie. Auch die erstgenannte Aussage „was einem zuerst zu Land einfällt" passt dazu:

„Landei"!

Nun zu der Gruppe der **Befragten, die auf dem Lande wohnen.**

Ich fragte sie, was Ihnen zu wohnen und leben einfällt, **zunächst in der Stadt.**

positiv für die Stadt

„kulturelle Veranstaltungen"

„Einkaufen"

„Arzt"

„Nahverkehrsnetz"

„viel Leben auf der Straße"

„Markt für Arbeit"
„Architektur zum Gucken"
„Multikulti durch viele Nationen"
„Kindergärten, Schulen für junge Familien"

Da waren überhaupt keine Ressentiments gegenüber dem Stadtleben zu hören, ebenso wenig wie die Leute aus der Stadt ihre Situation in der Stadt beurteilen.

> Sind die Leute auf dem Land fairer in ihren Meinungen?
> Oder zeigt sich hier ein erstes Votum für wohnen und leben in der Stadt?

Und ergänzend fragte ich die Gruppe vom Land nach einer weiteren Attraktivität „Wie könnte ein **Stück Land in der Stadt** aussehen?"

Hier die Antworten:
„Balkon"
„Garten"
„Penthouse"
„ländlich geprägter Stadtteil"
„ruhige Seitenstraßen"
„großer Park"
„große Friedhöfe zum Verweilen"
Ein Loblied auf die offen vorgetragenen Ansichten der Leute vom Land!
Und nun:

Wie sehen die **Leute vom Land** die Attraktivität dort, wo sie wohnen, **aufm Land**?
Die Antworten:

positiv fürs Land   *negativ fürs Land*

„Stadt entfliehen"
„frische Luft"
„keine Hektik"
„persönlicher Kontakt zu Nachbarn"
„Kinder haben Freiheit"
„Natur"

                                       „es dauert, um
                                       in die Stadt zu
                                       kommen"

„Radfahren"
„kleine Wohneinheiten"
„in Häusern mit Gartengrundstück leben"
„nicht so eingesperrt"
„mit Tieren leben"
„Kirchenkonzerte"
„Internetanbindung"

Kurzer Hinweis zu „Internetverbindung":
Tatsächlich wurde sie positiv fürs Land gesehen, aber nur von einer einzigen Person – und dann ganz zum Schluss der Gruppenbefragung.

„Und wie könnte ein **Stück Stadt auf dem Land** aussehen?" fragte ich die **Leute vom Land**, im Sinne von 'was brauchen Sie noch dort, wo Sie wohnen ?'.

Die Antworten:

„Einkaufsmöglichkeiten"
„Busverbindungen"
„Gesundheitsversorgung"
Es fällt bei der Befragung von Leuten vom Lande die hohe Zustimmung in der Befragung auf, mag es zum Leben auf dem Land oder zum Leben in der Stadt sein.
Kaum Negativ -Nennungen!

'Sind viel ausgeglichener, die Leute', wäre eine Spontan-Reaktion.
Sie hätte was, ja!
Ein Schluss wäre auch:
Leute vom Lande können auf dem Land und in der Stadt wohnen und leben. Klar – nicht wenn sie einer landwirt-schaftlichen Tätigkeit nachgehen. Ein Leben lang schon Bauer sind.
Dagegen: Leute aus der Stadt tun sich schwer mit der Vorstellung auf dem Land zu leben.

Es scheint mir hier ein Schwellen-Problem vorzu-liegen. Leute in der Stadt sehen sich schon dort angekommen, wo sie zuhause sind.

Leute auf dem Land sehen das Leben in der Stadt, gerade im unsicheren Status des Wohlbefindens im Alter (*KÖNNTE JA SCHON MORGEN BEENDET SEIN*), noch als Perspektive.
Das macht Mut!
Jedem, besonders den Alten.

Wir werden im weiteren Verlauf noch erfahren, wie der Entscheidungsprozess auf der Schwelle abläuft oder ablaufen kann. Dann haben wir auch eine Bestätigung, was unsere Wünsche wollen (erinnert mich an 'volo velle = ich will wollen' / ist eine scholastische Geschichte aus fernen Zeiten oder eine wissenschaftliche Auseinandersetzung im Kampf um nichts; 'akademisch', sagt man gemeinhin).

<u>Insgesamt gesehen</u>
zeigen die durchgeführten Gruppenbefragungen eine hohe Korrespondenz bzw. Plausibilität in den Antworten.

> 'auf dem Land wohnen und leben'
Häufigste <u>positive Nennungen</u> aller Befragten:

„gesünderes Leben"
„bessere Luft"
„weniger Hektik"
„Dorfgemeinschaft"
„Kinder haben Freiheit"
„niedrigere Mieten"
„Natur"

Ergänzend
wirken da Nennungen zu einem **Stück Stadt auf dem Land:**
Am wichtigsten werden gesehen:

„Einkaufen"
„Busverbindungen"
„Gesundheitsversorgung"

> 'in der Stadt wohnen und leben'
Häufigste positive Nennungen aller Befragten:

„kulturelles Angebot"
„medizinische Versorgung"
„einkaufen"
„gute Verkehrsverbindungen"
„Arbeitsplätze"
„Schulen, Kindergärten für junge Familien"

Ergänzend
wirken da Nennungen zu einem **Stück Land in der Stadt**:
„Garten" und „Park"

Um die Schwellen meiner Entscheidung für wohnen und leben, 'aufm Land' oder 'in der Stadt', in seiner ganzen Vielfalt aufzuspüren, können ausführliche Betrachtungen der Leute, unserer Mitmenschen weiterführen.

Vermuten wir einmal, dass sie uns ein Spektrum von Schwellen-Aspekten liefern. Dabei muss die Schwelle als solche gar nicht explizit genannt sein. Kann eigentlich auch nicht.

Erinnert sei noch einmal daran,
dass die Schwelle als Erwartungs- und Entscheidungszone verstanden wird.

5

Schwellen - anfangs Hindernis, dann Sprungbrett für MORGEN

Jedem seine richtige Entscheidung - auch für wohnen und leben 'aufm Land' oder 'in der Stadt'!
Dieses Anrecht dürfen wir jedem gönnen. Für dich und für mich ist es zunächst nur eine Ansicht, eine Meinung.
Das Stück in dem Mosaik der authentisierten Meinungsvielfalt kann ja zu einer Fülle von Übereinstimmungen führen. Nennen wir sie Ansichtseinheit.

Grundsätzlich können wir zu wohnen und leben einem Werbespruch beipflichten:
'Die richtige Immobilie in jeder Lebensphase'!
Zumindest wünscht sich das so mancher Immobilienmakler.
Eigentlich auch der Wohnungsinhaber oder Eigentümer. Der Wunsch wird zuweilen wahr.
Doch die Erfahrung zeigt: Einfach ist er nicht zu erfüllen.
Allen bekannte Kerngedanken fallen einem zu einem spontanen Zweifeln ein:

Wie vielen ist die geliebte Immobilie zu gross geworden!
Anders als früher trifft man nicht mehr so viele Leute in den Räumen. Die Kinder sind längst weg.
Und die Enkel kommen nur in den Ferien. Längst nicht alle.
Auch kann die Pflege des Gartens einen manchmal erschlagen.
Und wenn es an der einen oder anderen Körperstelle zwickt, fällt es schwer, Stufen nach unten oder oben zu gehen. Das Schlafzimmer im Obergeschoss wirkt dann schon mal

verwaist. Und Sofa und Couch in der guten Stube inzwischen recht abgenutzt.

Die Beschreibung kann in gleicher Weise für 'aufm Land' und 'in der Stadt' genommen werden.

Hat was Familien- oder Allgemeinhistorisches an sich, schliesslich war – wie wir hörten und uns auch einleuchtet – jede Stadt einmal ein Dorf.

Es passt irgendwie, wenn wir von Zukunftsforschern hören, wir Menschen würden künftig nur noch in Städten leben. Dabei werden wir es mit dem (dann) mächtigen Internet zu tun haben.

Das *Internet* hat Eingang gefunden, weil es als Chance zur Entwicklung unserer Gesellschaft erkannt wurde. Um es zu begreifen, muss es täglich erlebt werden.

Wer sich da verweigert, hat schon verloren – wenn er ein Geschäft hat. Sei es einen Produktionsbetrieb oder einen Handel. 'Aufm Land' finden wir beides genauso wie in der Stadt, nur anders dimensioniert.

Weniger in der Landwirtschaft mehr im Handel ist der direkte Kontakt zum Kunden gegeben. Das gilt es kreativ auszubauen, zu nutzen und mit digitalen Einrichtungen zu verbinden. eCommerce hat dabei einen eigenständigen Anteil und ist gleichzeitig integriert. Gleich einem behaglichen Wohnzimmer gilt es eine 'Landlust-Atmosphäre' für die gesamten Kaufabwicklungen zu schaffen.

Dabei können der stationäre Handel und der Handel online miteinander verknüpft werden.

Was bei einer Kundennachfrage im Laden nicht für den Verkauf vorgehalten ist, wird im Beisein des Kunden per Internet ausgesucht und bei Zufriedenheit bestellt. Der Händler wird mehr und mehr die Rolle des wahrhaftigen Kundenberaters übernehmen.

Das wirkt positiv auf den Kunden. Nun ist auch er in der Lage, das Internet zu seinem Beschaffungsvorteil zu nutzen.

Dabei muss er nicht den Umgang mit dem neuen Medium erlernen; er vertraut seinem Händler, der jetzt für ihn aus einem viel grösserem Reservoir an Angeboten schöpft.

Beide sind auf einer höheren Warte als bisher zufrieden. Der Kunde wird bei der Formulierung seines Bedürfnisses dort abgeholt, wo er sich aufhält. Dann ist es unerheblich, wo er sich befindet, daheim oder unterwegs am Computer, Handy oder – ja, im Ladengeschäft.

Noch gibt es in der Zusammenführung ein Problem, selbst wenn die Akzeptanz für die neuen Medien hoch ist.

'Bandbreite' heisst das Thema.

Es gilt im Moment als Kernproblem. Egal ob man das Augenmerk auf die Industrie, den Handel oder die Landwirtschaft richtet, jederzeit ist bei dem Einsatz von Internet mit dessen Instabilität zu rechnen.

Jeder Nutzer kann sich davon ein Bild machen, wenn er auf seinem Computer Programme aus der Mediathek der grossen öffentlichen Sender anwählt und abspielt. Immer wieder „hängt sich das System auf, und Ende der Vorstellung". Das passiert mir sogar in Düsseldorf, der Region, der nachgesagt wird, bestens mit dem Internet gerüstet zu sein.

Und die ländliche Region zwischen Bremen und Hamburg kann einem unter diesem Mangelaspekt einfach nur leid tun. Noch läuft das Internet gerade 'aufm Land' nicht wie fliessend Wasser. Systemausfälle gehören noch längst nicht der Vergangenheit an.

Um sich vor Ärgernissen und besonders vor Schäden zu schützen, ist das Zögern zum umfassenden Internet-Einsatz 'aufm Land' nur verständlich.

Ein weiterer Aspekt betrifft das Soziale am Beispiel der Telemedizin.

Es ist noch nicht lange her, da war das Gesundheitswesen noch voll auf die analoge Welt ausgerichtet. Mit dem Aufkommen der Digitalisierung öffneten sich auch die Krankenhäuser. Inzwischen gibt es ein Service-Institut für Telemedizin in Deutschland.

Dort erfahre ich, was Telemedizin ist.

Es ist die Sicherstellung der Versorgung der Patienten, wenn die Präsenzmedizin nicht mehr nachkommt. Gerade auf dem Lande muss mit einer Steigerung der Ausfälle gerechnet werden. In der Zukunft sind Patienten auf dem Lande gezwungen, weite Wege in die Stadt auf sich zu nehmen. Evident sei das jetzt schon, wenn Patienten einen Kardiologen oder einen Augenarzt benötigen, erfahre ich.

Doch ein Grundproblem zeichnet sich ab, denn einerseits ist die medizinische Versorgung ein lokales Geschehen, andererseits sind die zu treffenden Regularien national ausgerichtet.

Verstanden habe ich, dass es drei Elemente gibt, die für Telemedizin stehen:
* Mobile Therapie per Video und Sprache
  Internet oder Mobilfunk)
* Vitalwert Monitoring
* Kooperation der Leistungserbringer
  per Videokonferenz (Hausärzte und Krankenhäuser)

Zu letzterem in der Aufzählung, der Videokonferenz, ist der Breitbandausbau relevant.

Für mich ist nachvollziehbar, dass von den Ärzten, speziell den Hausärzten, das Internet nicht immer mit Schwung vorangetrieben wird. In deren Kosten-Nutzen-Rechnung haben die Aufwendungen zur Erfassung und Begleitung der Patienten einen hohen Stellenwert (Kosten!).
Der Nutzen stellt sich jedoch erst später ein. Ihn haben aber nicht mehr die Hausärzte sondern die Krankenhäuser, denen die Daten für den eingelieferten Patienten dann zur Verfügung stehen, wie auf dem Tablett serviert.
Eine Ausgleichsregelung der fairen Kostenverteilung bedarf einer Lösung wie das Ei des Kolumbus.
Steht also in den Sternen.
Und somit geht auf dem Lande Telemedizin nur in kleinen Schritten voran.

Wir sehen also: Rational ist alles geklärt und vorbestimmt.
Wenn nur nicht die Irratio von unsereins da noch mitspielen würde!
Diese Bedenken seien gestattet.

Bauen wir einige Gedanken auf, die uns umtreiben. Wir hören und lesen sie in den Medien.

Wir ahnen, dass unser Zielbereich 'aufm Land' der Problembereich in unserer Betrachtung > wohnen und leben 'aufm Land' und 'in der Stadt' < sein wird.

Schlaglichter zeigen es auf.

Problemort Land:

> Was wird aus dem flachen Land, dem
   sogenannten?
> Nicht nur junge Frauen verlassen das Land.
   Auch ältere. Nur die ganz alten bleiben dort.
> Leer stehen die Wohnungen auf dem Lande!
> Versorgungslücken auf dem Land,
   weil die Geschäfte fehlen.
> Hausarztpraxen finden keine Nachfolger.

Problemort Stadt:

> Immer mehr Leute leben, arbeiten, kaufen
   in den Metropolen!
> Wohnraumknappheit in den Städten!

Problemort Land und Stadt:

> Einkaufsfläche in den Städten nimmt weiter zu.
   Auf dem Land ab.
> Die Unterschiede zwischen Stadt und Land
   werden immer grösser. Männerüberschuss auf
   dem Lande. Frauenüberschuss in den Städten.

Häng nicht an der Vollständigkeit der Aussagen. Die Tendenz erkennst du sofort. Du kannst sie mit eigenen Erfahrungen weiterführen oder sie gegensteuern.

Mach dir deinen eigenen Entscheidungshorizont für wohnen und leben 'aufm Land' und 'in der Stadt'.

Stell dir die Fragen:

> *Was liegt dir am Herzen? Was spürst du?*
> Und dann:
> *Was weisst du – im Sinne von*
> *was ist dein Wissensstand zum Thema?*

Hier führen Lebensberichte weiter, die dir konkrete Situationen im Zusammenleben vorstellen, differenziert in ganz unterschiedliche Typen als auch Interessentengruppen. Und wie du dir denken kannst, unterteilt in 'aufm Land' und ' in der Stadt'.

In den Lebensberichten sind die Schwellen von mir herausgestellt und genannt.
Klar – auch bewertet!

6

Schwellen-Muster in ausgewählten Passagen der Lebensberichte

Familien mit Kindern – Junge Paare – Ältere Paare – Paare in mittleren Jahren – Singles - „Ich pendle zwischen Land und Stadt" - „Wir ziehen im Alter aufs Land" - „Wir ziehen im Alter in die Stadt" – Erkenntnisse von Raumplanern

Es gilt, deinen Entscheidungshorizont für wohnen und leben 'aufm Land oder 'in der Stadt' so konkret wie möglich zu erfassen. Ein 'Ungefähr' reicht nicht.

Du kennst solches aus deinem Leben, zumeist in negativer Hinsicht 'wenn es immer nur an dem einen Punkt, dem einen Moment gelegen hat, dass es nicht so wurde wie gewünscht'.

Schwellen können alles sein:

Dinge, Personen, Ansichten, Zustände, Zeiten, was auch immer.

Im allgemeinen haben Schwellen temporären Bestand. Ihre Veränderung tritt aber nur mit Veränderungen von außen ein.

Insofern musst du dich nicht wundern, dass sie beim Schieben oder Ziehen tatsächlich in Bewegung kommen.

Nicht immer.

Nicht alle.

Nicht zu jeder Zeit.

Doch – eigentlich hängt es von dir ab.

Erinner dich an meinen kleinen Exkurs ins scholastische Mittelalter 'Ich will wollen (volo velle)'.

Hinzeigen will ich vorab noch einmal auf das Wesen der Schwelle, wenn du im Rahmen deines Entscheidungshorizontes auf sie stößt:

Schwelle S1:
Die Schwelle stellt sich als Barriere dar; da geht's nicht weiter. Es bleibt wie es ist.
Schwelle S2:
Die Schwelle bringt dich zum Grübeln; du wirst kreativ und umgehst das Hindernis.
Schwelle S3:
Die Schwelle ist für dich eine Herausforderung; du nutzt sie als Sprungbrett!

<u>Im Folgenden stelle ich dir beispielhaft ausgewählte Schwellen aus den Lebensberichten vor.</u>

Die komplette Übersicht mit einer Vielzahl von Schwellenbewertungen findest du im ANNEX A.
Es bildet mit ANNEX B (Wohnformen) den Schluss des Doku-Traktats.

Beteiligt sind neun Gruppierungen; die Beteiligten sind auf der Plattform ihres Entscheidungshorizontes auf eine Schwelle gestossen.

Gemeinhin denkt man, die Interessen der definierten Gruppierungen seien recht verschieden voneinander, insbesondere, was die Einstellung zu > wohnen und leben 'aufm Land' und 'in der Stadt' < betrifft.
Das ist zutreffend, jedenfalls eine Betrachtungsweile lang.

Dennoch, den Entscheidungshorizont nach Schwellen hin abzusuchen und sich ihnen zu stellen, kann auch alles umkehren.
Du wirst sehen!

Alles hat seine Berechtigung für wahr zu halten, was du in den Blick genommen hast. Aber alles hat auch seine Zeit! Dieses Sprichwort kennzeichnet eine der schönsten und wahrhaftigsten Auflistungen im Alten Testament der Bibel, nachzulesen bei 'Kohelet (Prediger) 3'. Hier wird auch konkret die Haus- und Wohnsituation (Aufbau und Abbau) angesprochen.

Zur besseren Übersichtlichkeit und Unterstützung der Merk-fähigkeit sind die definierten Schwellen herausgehoben, markiert.

Klar – kann von dir eine andere Bewertung kommen. Auch von mir kann das geschehen, wenn die Zeiten oder Umstände sich ändern.
So ist es!

Familien mit Kindern

Land > Schwelle „Altes Haus"
Im Besichtigungs-Verlauf wurde „Altes Haus" als ein Sprungbrett für die ganze Familie erkannt.
Dabei wurde zunächst die Schwelle für unüberbrückbar gesehen – also Schwelle S1. Ein „Altes Haus", das so vor sich hin bröckelte, nur noch vom Geist der verstorbenen ehemaligen Bewohner heimgesucht sein mochte, das riss

keinen vom Hocker. Und dann noch abseits in einem kleinen Dorf gelegen. Ein Kaff!

Im Gespräch mit dem Hausanbieter, dem Bauern, zeigte dieser nach der eher missratenen Hausbesichtigung auf, was für Möglichkeiten denkbar wären. Es tat sich die Schwelle S2 auf. So kreativ schilderte jener wie man das Haus um-, ja sogar ausbauen könne. Er würde sich bei der Kostenübernahme nicht lumpen lassen. Familie Rottenauer würde ihm als Mieter gefallen, meinte er.

Heraus kam schliesslich Schwelle S3: Familie Rottenauer erhielt ein Feldstück abgetrennt um einen Garten mit Platz, um eine Hütte anzulegen, dann einen Dachboden für Dieter, den Hausherrn, als riesiges Arbeitszimmer. Einen offenen Kamin, einen Wanddurchbruch für ein grosses Wohnzimmer. Zwei neue Bäder. Und und und.
Dazu einen Hund!
Die ganze Familie fieberte dem neuen Leben 'aufm Land' entgegen.
Später bemerkten die Rottenauers, dass ihr neues Heim an einer Traum-Radstrecke zwischen zwei Schlössern lag. Der Kauf von Fahrrädern war nur noch Formsache.

Schwelle „Altes Haus" S3

Stadt > Schwelle „Kinderbetreuung"
Hier war das Ergebnis zunächst Schwelle S1. Botho musste an den Arbeitstagen der Eltern bei den Grosseltern wohnen, eineinhalb Stunden mit dem Auto entfernt. Nur am Wochenende war die Familie beisammen.

Schon nach 6 Wochen kamen gleich 2 Angebote für einen Kindergartenplatz. Ganz bestimmt hatte das wöchentliche Nachhaken 'ob denn inzwischen ein Platz freigeworden wäre' Erfolg gezeigt.

Das näher gelegene Angebot wurde gewählt.

Schwelle „Kinderbetreuung" S2

Junge Paare

Land > Schwelle „zusammensein wollen"

Schwelle S2 ist in diesem Lebensideal hin zur höchsten Erfüllung zweier Menschen ein doch recht praktisches Ergebnis.

Der gewählte Wohnort war eigentlich schnuppe. Wichtig war, dass man zusammenziehen, und nicht zuviel Mietausgaben den verdienten Lohn schmälerten. Man hatte ja noch so viel vor. Doch tat man an dieser Planung nichts. Man hatte ja sich.

Entscheidend war für die Wahl des Wohnortes, dass man nicht zu viel Zeit für die Arbeit und die Arbeitswege vertrödelte. Eben die Zeit des täglichen Getrenntseins so gering wie möglich halten konnte!

Schwelle „Zusammensein wollen" S2

Stadt > Schwelle „verliebt in einen Fremden"

Nach der Ankunft in der Stadt, wo ein neuer Arbeitsplatz auf sie wartete, war alles fremd für sie. Da fiel es nicht sonderlich auf, dass ein Fremder sie ansprach und in ein

Gespräch zog. War normal, denn ihre Mutter daheim auf dem Dorf war nicht müde geworden, sie zu mahnen, dass sie in Düsseldorf in der Fremde sei und sich hüten müsse.

Ist schon ein Paradox, in die Fremde zu gehen und sich vor allem Fremden vorsehen zu müssen. An sich nicht auflösbar! Bei so vielem Fremden in der Stadt, da ist es nur naheliegend, sich einen Haltepunkt zu suchen.

Und als der Haltepunkt nicht mehr bestand, war die einstmals fremde Stadt so nah geworden, dass 'allein wohnen' immer noch besser war als die vergangene 'Landeizeit'.

Schwelle „Verliebt in einen Fremden" S3

Ältere Paare

Land > Schwelle „Familie driftet auseinander"
Mit dem Studium hatte es begonnen. Alle drei Töchter wohnten eine jede in einer anderen Stadt. Die Schwelle S1 stand am Horizont. Das Zusammenkommen aller in dem geerbten Haus 'aufm Land' verflog. Eine Erkenntnis machte sich bei Dorothée und Gerhard breit: Sie fühlten sich mit einem Mal nicht mehr herausgefordert, auf gemeinsame Zusammenkünfte zu drängen. Dorothée brachte es auf den Punkt: „Jetzt können wir uns bei jedem Zusammentreffen auf die eine Tochter konzentrieren und auf deren Familie."

Schwelle „Familie driftet auseinander" S3

Stadt > Schwelle „Stück Land in der Stadt"
Willi ist ein Städter, der sich als Selbstversorger sieht. Wenn's um Einkauf von Lebensmitteln geht, haben die Supermärkte

nicht so viel von ihm und seiner Erika. Wobei – seine Frau braucht sich um den Lebensmittel-Einkauf gar nicht zu kümmern; das ist seine Aufgabe. Nein, er sieht es sogar als Privileg.

Und das alles, weil Willi schon vor Jahren 'ein Stück Land in der Stadt' erworben hat. Gemeinhin spricht man von Schrebergarten. Ein Teil der Rheinauen ist – wie die Stadtverwaltung sagt – als Grabeland vorgesehen. Ein Risiko besteht: Alle zehn bis fünfzehn Jahre heisst es 'Land unter'. Das Hochwasser hat zugeschlagen. Da der größte Teil seines Gartens aber Gemüsegarten ist, wächst alles Gemüse, alles an Früchten danach mit doppelter Kraft. Die Fruchtbarkeit durch Überschwemmungen ist bekannt, mindestens die Sache mit dem Nil und Ägypten.

Schwelle „Stück Land in der Stadt" S3

Paare in mittleren Jahren

Land > Schwelle „Landlust"

Sie hatten ihre Vermögenslage verglichen. Da schnitt Rosi eindeutig besser ab. Schliesslich hatte sie ein Haus auf dem Land, mit großem Gartengrundstück. Gut, sein Job brachte auch nicht wenig ein. Doch die 500 Kilometer dazwischen waren ein Hindernis. Wulf schmiss den Job und ließ sich aufs Land ziehen, wo er denn auch mit Sack und Pack hinzog.

Eine Arbeitsstelle in der neuen Umgebung hatte er noch nicht im Blick.

Es war 'Landlust mit Frau', die ihn gepackt hatte.

Der Job war nicht so wichtig. Dabei galt er vordem im hohen Norden unter Kollegen als Workoholic.

Schwelle „Landlust" S3

Stadt > Schwelle „naturnahes Stadtleben"
„Gut dass wir so nahe am Fluss wohnen. Ist ne ganz neue Natur. Vorher war's der Wald und die Wiesen. Jetzt ist's der Fluss und die Ufer." Bei Gabys nüchterner Bestandsaufnahme musste man annehmen, es sei von einem Landleben die Rede. War es aber nicht!
Denn ein Fluss fließt schon mal mitten durch die Stadt. Wie bekannt ist ein Fluss ein Verkehrsweg, an dem die Menschen schon seit alters her ihre Zelte aufschlugen. Und wo immer mehr hinzukamen, wurden befestigte Häuser daraus. Hatte man davon eine Vielzahl, nun, dann war's eine Stadt geworden. So auch Düsseldorf am Rhein!
Während Gaby und Felix vordem 'aufm Land' in der Natur gelebt hatten, wohnten sie jetzt naturnah in Flussnähe.
Wer schon einmal am Wasser gesessen hat und seinen Blick in die Weite des Flusses hat schweifen lassen, spürt auch 'in der Stadt' das Gefühl von 'aufm Land'.

Schwelle „naturnahes Stadtleben" S2

<u>Singles</u>

Land > Schwelle „überschaubar und gemütlich leben"
Da kann Thelma mitreden. Schon 30 Jahre geniesst sie es, 'aufm Land' zu wohnen. Den Verzicht auf das eine oder andere, besonders beim Shoppen, nimmt sie inzwischen

gelassen hin. Sie hat zwar ein Auto, doch mehr noch als jenes rollt ihr Fahrrad.

Nicht nur in ihrer Wohnung, überhaupt in der ländlichen Umgebung sieht sie ihr Zuhause. Alles in allem findet sie ihre Selbstverwirklichung hier.

Schwelle „überschaubar und gemütlich leben" S2

Stadt > „Ferien auf dem Land"

Für Sara zeigt sich das Land ganz und gar positiv. Sie kommt auch von dort, kann aber mit der Bezeichnung 'Landei' nichts anfangen. Doch wohnen tut sie in der Stadt, sogar in Österreichs Bundeshauptstadt. Ein kleiner Hinweis sei hier angebracht, dass Wien beim Ranking der lebenswertesten Städte der Welt ganz oben steht!

Doch jedes Jahr vibriert die Neu-Wienerin einem ländlichen Zeltleben entgegen. 'Natur pur' ist jeden Sommer für drei Wochen angesagt. Sie ist dann aufgenommen/aufgehoben in einem den Indianern abgeschauten Zeltleben, weit von Wien entfernt im deutschen Wendland an der Niederelbe.

Sie hat ihre Liebe zum Dorf und ihr berufliches Engagement auf den Punkt gebracht: Das Stadtleben und die drei Wochen im Jahr 'Natur pur', „ja, s'passtscho" (wie der Wiener gern sagt).

Schwelle „Ferien auf dem Land" S2

„Ich pendle zwischen Land und Stadt"

> Schwelle „Fahrzeit zur Arbeit"

Morgens einundeinviertel Stunde und abends dann noch einmal die gleiche Zeit – so die S-Bahn nicht Verspätung hat.

Bei Sebastian spielt die Hoffnung, dass alles ordentlich, heisst: pünktlich – abgeht, stets mit.

Gewöhnt hat er sich längst daran, schliesslich macht er den Job in der Redaktionsleitung seit 17 Jahren, in der Landeshauptstadt Düsseldorf.

Die Momente zu Hause im Bergischen Land geben ihm das Gefühl eines Kurzurlaubs 'aufm Land'. Am Wochenende spürt er es besonders.

Schwelle „Fahrzeit zur Arbeit" S2

> Schwelle „Wunscherfüllung"

Wohnen im Bergischen Land und Arbeiten am Rhein, in der Landeshauptstadt. Dazwischen auf dem Weg: Arbeitsvorbereitung und Zur-Ruhe-Kommen, nicht trotz sondern weil es eben für ihn den längeren Weg zur Arbeit gibt.

So hat sich Sebastian zwei Orte der Wunscherfüllung geschaffen, zu Hause und auf Arbeit. Das sah bei der Zusammenführung von beidem vor 17 Jahren nur als Schwelle S2 aus. So ist es nun:

Schwelle „Wunscherfüllung" S3

„Wir ziehen im Alter aufs Land"

> Schwelle „letzter Schnitt vor dem Tod"

'Letzter Schnitt' klingt wie letzter Schritt. Ist es aber nicht. Es ist der Moment für einen Zeitraum den wir uns bis hin zum Tode geben. So auch Philipp im Gespräch. Den Eintritt des Todes kennt keiner.

Aber die Statistik der Lebenserwartung und die Bibel können da helfen. Unsere in 2017 geborenen Kleinen werden über Neunzig werden – im Schnitt. Dazu heisst es in der Bibel: 'Und das Leben währet siebzig Jahre und wenn's hochkommt achtzig.' Wenn man das über die zweitausend Jahre hochrechnet, ist die Statistik stimmig.

Heisst nun 'letzter Schnitt' sich wie die Elephanten auf einen Sterbeort abseits des lebendigen Miteinanders zurück-ziehen?
Oder bedeutet es, offen zu sein für völlig neue Gegeben-heiten?
Sozusagen interesseoffen!
Das ist in der Tat sehr individuell und kann zu allen drei Schwellen-Zuständen führen. Eine Entscheidung triffst du dann für eine der Schwellen:

Schwelle „letzter Schnitt vor dem Tod" S1
S2
S3

> Schwelle „Viel und weit sehen"

'Viel und weit sehen' ist nach Philipps Aussage typisch für das Leben 'aufm Land'. Aus eigener Erfahrung und angeregt durch meiner Mutters nachbarschaftlichen Hinweises weiss ich, dass das Meer gleiches oder mehr erfüllt. In beiden Fällen fühlt man sich 'mit der Weite vereint', wie es meine Mutter einmal ausgedrückt hat.
Dorothée ergänzt es noch: „Auf dem Lande gibt es mehr Geborgenheit".
Ja, es führt dazu, dass alles dichter wird, eben das, was man sieht, in Korrespondenz tritt mit dem, was man denkt.

Ablenkungen sind überschaubar. Hier kann man Dinge zu Ende denken.

Schwelle „Viel und weit sehen" S3

„Wir ziehen im Alter in die Stadt"

> Schwelle „Wohnungswechsel"
Irgendwann passt die Jahrzehnte lang gewohnte Wohnung nicht mehr so recht. Aber entsprechend der neuen Bedürfnislage, die Wohnung aufzugeben, das will man nicht. Das hat auch mit dem Finanziellen zu tun. Aber längst nicht immer!
Man gibt nicht einfach seinen Platz auf, gerade nicht das, was mit Liebe und Mühe aufgebaut oder erstanden ist.
Doch, der Wohnungswechsel bzw. der Wohnungstausch wird noch wie ein Innovationsblitz uns treffen. Irgendwann im Alter sind wir die Mühen leid, unter den Barrieren im Haus zu leiden und beginnen die Loslösung vom Gewohnten. Mit dem Verschenken von Büchern und dem Weggeben von Altmobiliar fängt es an. So macht man sich selbst eine neue kleinere Wohnung frühzeitig passend.

Schwelle „Wohnungswechsel" S2

> Schwelle „nicht vereinsamen"
„Man kann da wohnen, aber nicht leben." Georg ist da in seiner Ansicht rigoros. Er spricht von seinem Leben 'aufm Land'. Zieht die Allgemeinheit aber mit ins Boot.
Für ihn bedeutet das Ländliche 'Abgrenzung', ja sogar 'Aufhören mit dem Leben'. Die Reaktionen von Leuten, die

den Weg vom Land zu ihm in seine Apotheke in der Stadt gemacht haben, bestätigen ihm das.

Die Apothekengespräche, die er mit ihnen über Krankheit und Leben führt, machen Georg den Grad der Vereinsamung deutlich; sie erschüttern ihn gerade.

Schwelle „nicht vereinsamen" S1

Erkenntnisse von Raumplanern

Berlin und Umland
> Schwelle „Wohnungstausch"

Im Interview mit Gottfried erhalte ich einen Überblick was in Berlin im Kommen ist.

Das Spielplatzangebot ist jetzt schon beachtlich. Wenn du durch die angesagten Viertel – dort heissen sie Kieze – wandelst, siehst du jede Menge Kinderwagen, geschoben von Frauen oder Männern, wahrscheinlich Mütter und Väter. Dazu Kinderroller und ähnliche fahrbare Kleingeräte für Kids. Ideenvielfalt ist in Berlin kein Fremdwort.

Die Innovationsfreudigkeit gilt nicht nur für Start Ups, wo ja bekanntlich Berlin die erste Geige in Deutschland spielt. Ein Modell würde Gottfried gern hier bei Neubauten platziert sehen. Er denkt an „'Neubau-Module nach dem bundesweiten Vorzeigeprojekt der Freien Scholle Bielefeld', wo Senioren aus dem 4. Stock nach hinten in den Hof in eine Wohnung zu ebener Erde wechseln können; in den 4. Stock zieht dann eine treppentaugliche Familie ein."

Schwelle „Wohnungstausch" S2

> Schwelle „Modal Split"

Im Grenzbereich Berlin-Brandenburg mit dem Hauptort, der Landeshauptstadt Potsdam, ist Hans zu Hause und im Büro. Er ist Nutzer von 'Modal Split' und dessen Verfechter, wenn's darum geht, dort zu arbeiten, wo andere Zuhause sind. So wohnt er in Berlin und arbeitet in Potsdam.

Morgens wie abends kann er nicht umhin zu grinsen, wenn er auf der Strasse wieder weitgehend 'Freie Fahrt' hat – und das mitten im Berufsverkehr, dessen Fülle sich aber nur auf der Gegenfahrbahn abspielt.

Schwelle „Modal Split" S3

Wien und Umland
> Schwelle „Zwischenstadt"
Erika hat den Überblick über das Stadt-Umland-Geschehen in Wien-Niederösterreich. Da kommen im Laufe der Jahre – bei ihr sind es zehn – so manche Erkenntnisse zusammen. Eine ist, dass sie den Elementen Stadt und Land ein weiteres, nämlich Zwischenstadt, hinzuerkannt hat.
Früher war eher von 'Vorstadt' die Rede, doch die präzise Kennzeichnung was da ist, was da passiert, ist „nicht Fisch, nicht Fleisch", wie Erika sagt.

Doch jene Region ist bewohnt, ist geprägt von Versorgungsmöglichkeiten ein bisschen wie in der Stadt und hat diese Weiten auf der stadtabgewandten Seite. Und es ist Bewegung dort, zumindest morgens und abends wenn's zur Arbeit geht bzw. man von der Arbeit kommt.

Schwelle „Zwischenstadt" S3

> Schwelle „Muße und Genuss"
'Muße und Genuss' zu empfinden, hat für Erika eine Vielzahl von Zuordnungen: „Es hängt davon ab was einem zugehörig ist und in welchem Lebenszyklus man sich gerade befindet."
Doch dann wird sie konkret. Sie verweist auf die vielen verschlungenen Wasserareale im Nationalpark Donau 'in der Lobau', wo sie ihre Ruhe finden kann.

Weniger Ruhe denn vielmehr Muße findet sie bei einem bestimmten Spaziergang in der Stadt, in Wien. Eindrucksvoll schildert sie dass sie einmal in der Woche von ihrem Arbeitsplatz zu Fuss nach Hause geht. Sie ist dabei auf Entdeckungsreise, sucht deshalb auch Umwege und ist schliesslich nach zweieinhalb Stunden endlich daheim – im Schnitt 14 Kilometer.

Schwelle „Muße und Genuss" S3

Düsseldorf und Umland
> Schwelle „Radfahr-Infrastruktur"

In der Landeshauptstadt von Nordrhein-Westfalen ist Henriette für die Landesinititative 'StadtUmland.NRW' zuständig. Ziel des ganzen ist mehr Kooperation bei den Städten und Gemeinden ins Leben zu rufen. Dabei arbeitet sie schon an der heikelsten Städtebeziehung im Rheinland: Sie wohnt in Köln und arbeitet in Düsseldorf.

Auf dem täglichen Weg 'Wohnung-Arbeit' fährt sie mit zwei ihrer Räder, eins in Köln, eins in Düsseldorf. Dazwischen nimmt sie die Bahn.

Als begeisterte Radfahrerin sieht sie Entwicklungsmöglich-keiten. Nicht nur wenn sie stressfrei vom Strassencafé aus dem Verkehr und den vorbeiziehenden Leuten zusieht. Ein Besuch in Wien könnte ihr aufzeigen, wie man in einer Grossstadt mit dem Rad voran kommt. Wer einmal mit dem Rad in Wien unterwegs ist, im Zentrum, in den Randbezirken, auch auf EuroVelo 6, dem Donau-Radweg, weiss wovon ich spreche. Die Infrastruktur für Radfahren ist in Wien um ein Vielfaches ausgeprägter als in den uns hier auch interessierenden Städten Düsseldorf und Berlin.

Dennoch ist in Wien die Menge an Radfahrern überschaubar. Mir scheint Wien jetzt schon die Stadt mit der höchsten Dichte an Plattenreparaturwerkstätten zu sein. Es gibt bei den Übergängen Strasse-Bürgersteig keinen überzeugenden Niveauausgleich. Ein Härtetest fürs Rad kommt beim Überqueren der Strassenbahn-Schienen noch hinzu.
Auch hier von Niveauausgleich keine Spur!

Schwelle „Radfahr-Infrastruktur" S2

> Schwelle „Kinderentfaltung"

In unserem Doku-Traktat stehen zumeist 'Kinderentfaltung' und 'aufm Land' synonym. Henriette sieht das anders.
Sie tendiert zur Nutzung der städtischen Möglichkeiten. Um 'neue Dinge' kennenzulernen und differenziert zu erfahren, dafür gibt es eine Fülle von Angeboten in der Stadt.
In Düsseldorf ist das auch finanziell attraktiv. Denn, so kosten zum Beispiel Kindertagesstätten den Eltern keine Gebühr. Im Umland haben jene ca. 350 Euro je Monat für ihre Kleinen zu zahlen. Das hat hier Konsequenzen: der im Mietpreis 'aufm Land' eingesparte Beitrag wird gleich wieder absorbiert.

Schwelle „Kinderentfaltung" S2

7
Vom Nadelöhr zum Katapult!
Wie ich meine Schwellen für wohnen und leben finden kann

7.1
Der Autor outet sich

Im folgenden geht es ganz persönlich zu. Es geht um mich. Und damit - du wirst sehen - um dich! Zwei haben den gleichen Weg zur Lösung, gleich welches Thema den einen oder die andere beschwert.
Denn was Probleme und deren Lösungen angeht, stehen wir beide erst einmal wie der Ochs vorm Berg. Dazu kommt: Deine Probleme, zu denen du Lösungen suchst, kennst eigentlich nur du.

Ich fang mit dem methodischen Finden der Schwellen an.
Der Autor outet sich - sozusagen.
Auf dieser authentischen Grundlage hast du am ehesten Gewähr (ohne Gewähr) zu Lösungen zu finden, von Problemen, die du vor deiner Brust hast.

Erinner' dich: Am Anfang stand meine Aussage – in Kapitel 3:
„Seit einiger Zeit mach ich mir 'nen Kopf, ob mal wieder ein Wohn- und Standortwechsel jetzt für mich fürpass käme."
Die Überlegungen zu solchen Entscheidungen zu finden, hatte ich vorab – in Kapitel 2 – formuliert:
„Wie ich zum Schwellenfinder für wohnen und leben werde und zu Lösungen für 'aufm Land' und ' in der Stadt' komme."

Ich bin sicher, ich weiss bald, woran ich bin und werde meine Schwellen erfahren. Mehr darüber am Ende dieses Kapitels.

Was ich in Folgendem zu meiner Situation sage,
das versuche bitte auf deine eigene zu übertragen
– methodisch gesehen.

Geh dabei noch einmal die Schwellen in den Lebens-berichten der verschiedenen Interessentengruppen durch. Sie bieten dir reiches Wissen um die Dinge für wohnen und leben 'aufm Land' und 'in der Stadt'.
Du erhältst ein Gespür für die Entscheidungshorizonte und findest bzw. verfeinerst das notwendige Wissen zum Thema.

Dabei spürst du was es dich überhaupt angeht, eben wo dein Herz hängt.
Du wirst erfahren: Herz und Wissen gehen Hand in Hand.
Das heisst, du findest Schwellen für beides.
Sie können in der Bewertung übereinstimmend sein,
sich annähern oder sich widersprechen.

7.2
Methode der Schwellenfindung

Hier nun – dir als MUSTER – meine Methode der Schwellen-findung. Ganz für mich allein beantworte ich mir in schriftlicher Form drei Fragen, werde dabei sehr konkret:

A Wer bin ich?
B Was will ich?
C Was brauche ich?

Zum Verständnis von C: Was brauche ich, um das zu erreichen, was ich will?

Uns interessiert hier nicht die Darstellung der Antworten. Sie sollen für jeden ganz persönlich bleiben.
Aber wichtig ist das Ergebnis, welche Schwellen sich herauskristallisieren.
Denn sie benötige ich um die Entscheidung zu treffen, ob ich künftig 'aufm Land' oder weiterhin 'in der Stadt' leben möchte.

Ein Wort noch zum Analyse-Start, dem A Wer bin ich?:
Es verführt darüber hinwegzusehen, hinwegzugehen - 'Man kennt sich ja!' Doch lassen wir uns von den ur-alten Weisheiten leiten. Bevor die Probleminhaber von der Pythia , dem Orakel zu Delphi , vor 2500 Jahren eine Lösung erfuhren, mussten sie an einem Stein vor der Tür vorbei. Dort stand eingemeisselt (in griechisch natürlich): Erkenne dich selbst!" Bekannt ist auch, dass immer wieder Ratsuchende der Pythia Weisungen völlig falsch interpretierten. In der Regel hatten jene den Stein nicht beachtet und sich nicht der Frage gestellt: 'Wer bin ich?'

In der Analyse haben sich mir Schwellen verschiedenster Art als relevant herausgestellt. Schwellen, die – für sich genommen – nichts mit 'wohnen und leben' zu tun haben müssen.
Offensichtlich haben sie es für mich aber doch, sind womöglich für die Entscheidung das Zünglein an der Waage.

Das erinnert mich an den Kauf meines ersten grösseren Autos, wo auch unser grosser Hund im sog. Kofferraum des Autos mit Schrägheck Platz finden musste. Der Verkäufer stimmte zu, dass ich den Hund auffordern durfte mit einem Satz bei geöffneter Hecktür hineinzuspringen. Damit ich sehen konnte ob er denn hineinpasst.

Ohne mit seinen Tatzen am Lack zu kratzen (weswegen der Verkäufer später von seiner Angst, dass solches geschieht berichtet hatte) machte es sich unser Hund sofort gemütlich. Das Auto wurde gekauft.

Zurück blieb ein irritierter Verkäufer.

Noch nie war ihm passiert, dass der Platz für einen Hund die eigentliche Entscheidung des Autokaufs war.

7.3
Zehn Schwellen

Diese zehn Schwellen kristallisierten sich für mich heraus. Wohlgemerkt, es ging nur um die Entscheidung >wohnen und leben 'aufm Land' und 'in der Stadt'<!

>   Alter
>   Kosten der neuen Wohnung
>   Hütte in der nahen Natur nutzen
>   Bisherige WG-Wohnung halten
>   Arbeitsthemen finden
>   Mit Partnerin/Partner zusammenleben
>   Mit Hund und Katze leben
>   Verständnis für Krankheit
>   Ausgeglichenheit
>   Gute Stimmung

In der Bewertung der Schwellen ging ich zweigeteilt vor.

*Fragestellung **A:** Was liegt mir am Herzen?*
*Fragestellung **B:** Was weiss ich zum Thema?*

Hier die differenzierte Bewertung und meine Entscheidung, wenn Herz und Wissen zusammengefasst werden müssen. Das müssen sie zum Schluss, da nur eine einzige Entscheidung für und wider zählt:

Schwellen-Übersicht

Schwelle „Alter" S3
Herz: Ich fühle mich gut - mit 74, mache noch Sprünge, sehr zufrieden mit dem Dasein   S3
Wissen: Ich kann 100 werden; Gene, Nicht-Raucher, Sport, Geist und Körper sind im Gleichlauf, ausbalanciert S3

Schwelle „Kosten der neuen Wohnung" S2
Herz: Klein-WG zur Kostenminimierung   S2
Wissen: Überblick über Orte (am Wald, Fluss, See, Meer) S3

Schwelle „Hütte in der nahen Natur nutzen" S1
Herz: Einfachheit, Einsamkeit, Naturleben   S1
Wissen: Vorsorge, Angst, Alleinsein   S2

Schwelle „Bisherige WG-Wohnung halten" S2
Herz: Ein Zimmer in der Stadt, das mir bleibt S2
Wissen: Verträge laufen, Einnahmen kommen   S2

Schwelle „Arbeitsthemen finden" S2

Herz: Neue Herausforderung bei mich betreffende
          Themen   S2

Wissen: Fit in Themen des Menschseins   S2

Schwelle „Mit Partnerin/Partner zusammenleben" S1

Herz: Kommunizieren, Berühren, helfen, lieben   S1

Wissen: Gleichaltrig, älter/jünger   S1

Schwelle „Mit Hund und Katze leben" S1

Herz: Gute Geselligkeit, von Mensch zu Tier und
          viceversa   S1

Wissen: Tier-Erfahrung in mehr als 20 Jahren   S2

Schwelle „Verständnis für Krankheit" S2

Herz: Mit Schwächen leben, Lebens-Prioritäten ändern
          S2

Wissen: Alle Krankheiten können kommen   S1

Schwelle „Ausgeglichenheit" S3

Herz: Ich tue was mir gefällt   S3

Wissen: Bin authentisch, transparent   S3

Schwelle „Gute Stimmung" S2

Herz: Glücklich; freue mich aufs Kommende   S2

Wissen: Nicht alles Spitz auf Knopf sehen   S2

7.4
Das Resumee

Meine Schwellen zu wohnen und leben 'aufm Land' und 'in der Stadt' habe ich herausgearbeitet.
Du konntest den Weg verfolgen, zu gleichen Entscheidungen kommen oder zu anderen.

In jedem Fall vermagst du jetzt viel klarer zu erfassen, was du willst, natürlich nicht nur für wohnen und leben 'aufm Land' und 'in der Stadt'.
Wir alle stehen immer wieder vor Entscheidungen dieses oder jenes zu tun. Da passt unsere Methode >Die Schwelle ist die Quelle< genauso gut wie zu unserem Wohn-Thema.

Zum Abschluss will ich dir meine Entscheidung nicht vorenthalten. Auch will ich dir meine Entscheidung erläutern.

Entscheidungs-Horizont

Schwelle S3
> *Sprungkraft entwickeln*
„Alter"
„Ausgeglichenheit"

Schwelle S2
> *Kreative Umwege gehen*
„Kosten der neuen Wohnung"
„Arbeitsthema finden"
„Verständnis für Krankheit"

„Gute Stimmung"
Schwelle S1
> Status quo (keine weitere Kraft hineinstecken)
„Bisherige WG-Wohnung halten"
„Hütte in der nahen Natur nutzen"
„Mit Hund und Katze leben"
„Mit Partnerin/Partner zusammenleben"

Ergebnis

> „Ich ziehe wieder aufs Land" <

Erläuterung der Entscheidung

Bei der Entscheidung **Schwelle S3** sind die mächtigsten Verbündeten jene die noch Sprungkraft für Neues im Leben haben. Bei mir sind es: „Alter" und „Ausgeglichenheit". Und es betrifft in gleicher Qualität mein Gefühl dafür und mein Wissen darüber.

Da kann ein Wechsel der Wohn- und Lebensverhältnisse mich herausfordern und eine neue Qualität in mein Leben bringen.

+

Zur Entscheidung **Schwelle S2** kann ich auf vielen Wegen kommen. Sie pendeln sich aufeinander ein. So kann z.B. ein gutes Arbeitsthema als Buch geschrieben und verkauft die Kosten der neuen Wohnung erträglich machen. Oder mein Verständnis für Krankheiten einer guten Stimmung nicht Abbruch antun, zum Beispiel.

+

Was Entscheidung **Schwelle S1** angeht, bleibt alles so wie es ist. Oder es wird sich ergeben, so zum Beispiel auch eine neue Partnerschaft.

8

Die neue Mobilität dank innovativer Wohnformen und neuer Lebensgemeinschaften

In Kapitel 4 unseres Doku-Traktats sind wir in den Entscheidungsbereich für wohnen und leben 'aufm Land oder 'in der Stadt' eingetaucht. Dort hiess es:
>
„Ach, ich würde gern auf dem Lande leben, mehr an der Natur teilhaben."
Oder:
„Ja, in der Stadt zu leben, das hat was. Da kann ich noch am Leben teilnehmen." <

Diese allzu leicht befundenen Feststellungen wurden – durch das Stilmittel der Umkehrung – ad absurdum geführt.

Doch als Schwellenfinder geben wir uns nicht damit zufrieden; wir resignieren nicht. Haben wir doch stets drei Möglichkeiten, mit Schwelle S1, Schwelle S2 und Schwelle S3. So kommt uns die 'neue Mobilität' in den Blick.
Wir fragen uns:
„Was geht denn davon, was ist machbar – auf Zeit?"
Beweglichkeit zeigen wir.
Und Beweglichkeit ist Mobilität!

Mehrfach wurde in den Interviews in diesem Doku-Traktat von einer Mobilität berichtet, zum Beispiel von einem Wohnungstausch, meist von 'aufm Land'. In der Regel fühlten sich Ältere in dem mehretagigen Wohnbereich - gleich ob in Eigentümerschaft oder als Mieter - von den

Handicaps der mit dem Älterwerden aufkommenden Barrieren überrollt.

Wenn da ein Wohnungstausch in eine barrierefreie oder schon barrierearme Wohnumgebung möglich ist, ja, dann gilt es nur noch sich aus der gewohnten Umgebung zu lösen. Wer es einmal gemacht hat, weiss dass Loslösung aus Vertrautem höchste Willenskraft bedeutet.

Aber wenn es dann geschehen ist, nun, dann fühlt sich diese Transaktion wunderbar an. Man hat nicht nur einen Schritt nach vorn gemacht sondern sogleich einen Sprung.

Und wie neugierig man auf das Neue ist! Die Zukunft hat begonnen – egal welches Alter man hat.

Völlig neue Perspektiven!

Wenn wir dann unsere Schwellen finden, bei dem, was wir wollen, haben wir alle Freiheiten, so zu leben, wie wir wollen, wann wir wollen, mit wem wir wollen, wo wir wollen.

Denn 'die Schwelle ist die Quelle', damit wir unsere Ziele in den Blick bekommen und sie erreichen.

Die Mehrfachnennung von 'wollen' soll zeigen wie wichtig dieser Impuls, diese Absicht ist. Wir lasen bereits über das 'ich will wollen', das als 'volo velle' vor Jahrhunderten im Zeitalter der Scholastik einen Akademiestreit heraufbeschwörte.

Wenn wir unsere Überlegungen auf den Punkt bringen, wo's um die Entscheidung über wohnen und leben geht, darf unser Fokus nur auf einen einzigen Punkt zentriert sein.

Wir werden merken:

Auf dieser eindeutigen Grundlage bewegen wir uns wie ein Katapult. Er verschafft uns den Antrieb das auch umzusetzen was jede und jeder will.
Bei allem hilft uns der Trend.
Er verleiht Flügel, dieses geflügelte Wort!

Trend in der Architektur

Im Neubau und bei Modernisierungen stehen nicht mehr die strukturell orientierten Immobilien mit Optik, Grundflächen, Lage und Kosten im Mittelpunkt. Heute steht die Bedarfsdeckung durch passende Funktionalitäten der Wohnimmobilien im Vordergrund. Sicherheit und Barrierefreiheit dominieren die Anforderung an den Wohnbereich.

Drei Beispiele, die vielfach ergänzt werden können: stufenlose Eingänge, breite Türen, bodengleiche Duschen.

Diese Erleichterungen sind - ganz anders als vorgenannt – inzwischen der Wunschtraum junger Familien. Geh-Hilfen sind da Kinderwagen gleichgestellt, Bewegungsfreiheit im Zimmer geniessen nicht nur Alte mit steifen Knien sondern auch spielende Kinder oder zuhause im Home Office arbeitende Freiberufler.

Wohnhilfen und Wohnkomfort werden als Neues Wohnen verstanden.

Trends in der wechselseitigen Orientierung Jüngerer und Älterer

Noch viel zu wenig ist erkannt, dass hier ein grosses Potenzial der Begegnung besteht. Unser Durchblick scheint verstellt, durch den Eindruck, dass Familien sich selbst zu helfen haben. Wo das geschieht – prima! Doch interfamiliäre Kommunikation wird immer weniger. Die weiten bis unendlichen Entfernungen zwischen Opa/Oma und Enkel/Enkelin sprechen Bände.

Aber – da gibt es ja die Wahlverwandtschaften: Junge Singles als auch Jung-Familie hier und ältere oder alte Singles als auch die Alt-Ehepaare dort!

Sie sind nicht das Ergebnis einer Patchworkfamily. Irgendwann geht's los mit der Begegnung von Älteren und Jüngeren.

Altbekannt sind Begleitungen, Beaufsichtigungen und so manches drumherum.

Nicht so bekannt sind Ansätze, dass Jüngere nach einem Coach für die Berufsplanung oder Start up-Gründung Ausschau halten, und Ältere genau diese Rolle einnehmen. Für wohnen und leben hat sich inzwischen das Modell 'Wohnen für Hilfe' etabliert. Kurz skizziert: eine Ältere überlässt einen Teil ihrer Wohnung einem Jüngeren. Man einigt sich darauf, dass der Jüngere einen definierten kleineren Mietbetrag zahlt (oder auch keinen) und dafür einen definierten Zeitraum der Älteren als Gegenüber zur Verfügung steht, für Haushaltsleistungen und Kommunikation allgemein.

Trend: Nachbarschaftshilfe

Nachbarschaftshilfe - welch wunderbares Wort!

Aus dem Wort kommt heraus, dass mein Dienst am Anderen genauso gemeint ist wie des Anderen Dienst an mir.

Dass wir alle Nachbarn haben – und selbst welche sind, nun, das haben wir wieder mit der Flüchtlingskrise bemerkt.

Nachbar hat in der Ursprungsbedeutung auch was mit 'ähnlich' zu tun. Und sind wir nicht in einer globalen Welt alle Weltbürger und damit sowieso alle Nachbarn?

Nicht nur das Gegenüber auf dem Hausflur oder neben meinem Haus ist gemeint. Die Vielfalt der Begegnungen ist hier grenzenlos – im wahren Sinne des Wortes.

Im Nachbarlichen gibt es keine Grenzziehungen zwischen Jung und Alt, zwischen Menschen verschiedener Herkunft, zwischen Menschen, die arbeiten und denen, die nicht arbeiten (können).

Der Anfang für Nachbarschaftshilfe ist, für die eigene Sensibilität aufmerksam zu sein, auch in gewissem Maße neugierig. Und das durchaus in näherer oder weiterer Umgebung!

Die Schwelle mit ihrer gedrittelten Entscheidungs-konsequenz öffnet die Tür in einen Raum der Möglichkeiten. Die einem passende Art zu wohnen und zu leben bringt ein Offensein für Begegnungen mit sich. Zur Schaffung optimaler Wohnverhältnisse bewegen wir uns in einem dauernden Austauschprozess mit unseren Mitmenschen.

Wir verstehen:

Wohnen muss also nicht in Abgrenzung enden. Auch die dadurch bedingte Kommunikation kann zu einem tragenden Bestandteil werden.

Begegnung ist angesagt.

„Alles wirkliche Leben ist Begegnung", sagt der Religionsphilosoph Martin Buber. 'Wirklich leben' geht nicht, ohne sich zu bewegen.

Nun, für die Bewegung brauche ich Raum, besser Räume, Wohn- und Lebensformen, in denen wir zur Lebensqualität finden.

Man begegnet sich. Die Freude am Miteinander steht im Vordergrund.

Die Wohnsituation bietet da an vorderster Stelle Realisierungsmöglichkeiten jeder Art.

Mit unseren Begegnungen ist also unser Leben in Bewegung. Mobilität!

Was können wir dafür tun, dass das nun eintritt?
Jeder von uns und bei jedem von uns?

Hier sei nicht – wie in Kapitel 4 – Bob Dylans Song zitiert: „The answer my friend is blowing in the wind". Nein, wir können uns sofort an die Aufgabe begeben, unsere Schwellen zu entdecken.

Und seien wir nicht überrascht, wenn wir Lust haben, auch ganz andere unserer Lebensbereiche (Ist mein Partner der rechte? Oder: Ist mein Zuviel-Gewicht zu viel?) als Schwellenfinder zu erfassen.

ANNEX A

**Bewertung sämtlicher Schwellen
in den Lebensberichten der Interessentengruppen**

ANNEX B

Wohnformen für 'aufm Land'
- ein offenes Listing als Anregung

ANNEX A

Bewertung sämtlicher Schwellen
in den Lebensberichten der Interessentengruppen

A.1
Familien mit Kindern

'aufm Land'

„Oh ist das süss. Papa, guck mal." Die bald fünfjährige Sabine zwingt ihren Papa zum Anhalten. Ihre Mama schaut ganz entzückt. Das Fohlen springt aber auch voller Lust um das grosse Pferd, bestimmt die Mutter, herum. „So ein schönes Pferd," sinniert die Mutter im Auto. Der Vater schaltet sich ein; er ahnt die Gedanken seiner Frau: „So ein Pferd muss auch versorgt werden." „Ach, ja!" stöhnt sie nur leise.

Familie Rottenauer ist auf dem Weg zum Haustermin. Ein Bauer will für sein altes Wohnhaus eine Familie zum Wohnen gewinnen. Es steht fast zwei Jahre leer. Solange ist sein Vater schon tot. Der hatte allein darin gewohnt, noch mit 90 Jahren. Er wollte nicht mit in den neuen Bungalow nebenan ziehen.

Nach der Hausbesichtigung wollten die Besucher ins Auto steigen, wieder wegfahren. Das alte verwohnte und verstaubte Objekt konnte sie nicht begeistern.

Schwelle „Altes Haus A" S1

Doch der Bauer, jetzt Vermieter, dachte bei sich: „So einfach kommen die mir nicht davon. Denen mache ich das Haus noch schmackhaft." Die allseits bekannte Bauernschläue lässt grüssen!

Familie Rottenauer liess sich also zu einem Kaffee in der Landküche überreden. Zum Kaffee servierte die Bäuerin leckeren Butterkuchen.

Die längere Zusammenkunft (oder war was im Kaffee oder im Kuchen?) mit dem langsamen Sich-Kennenlernen tat ihre Wirkung.

Im Anschluss kamen die Besucher von Bauer Felten dessen Vorschlag nach, das Haus ein zweites Mal anzuschauen. Jetzt schien ihnen das ehedem (vor einer guten Stunde) verwohnte alte Haus eher wie eine Kreativitätszone.

Beim Kaffee hatte der Bauer sich Zeit genommen, um aufzuführen, was alles mit der Wiederherrichtung des alten Wohnhauses verbunden werden könnte. Für Familie Rottenauer klang es wie die Erfüllung einer Wunschliste.

Der Badausbau auf zwei Etagen, die Gestaltung des Dachzimmers und der Wanddurchbruch mit Einbau eines offenen Kamins war das eine. Da kamen die Gedanken der Haussuchenden in Fahrt.

Schwelle „Altes Haus B" S2

Der Hofhund schnupperte an ihren Beinen und Schuhen. „Darf der große Hund auch mal zu uns ins Haus?" fragte Sabine und blickte Bauer und Bäuerin an. „Der Bauer lachte: „Wenn deine Mama und dein Papa 'ja' sagen, schenke ich ihn euch."

Die euphorische Erwartungshaltung war bei allen zu spüren. Es ging noch weiter!

„Ein Teil der hausnahen Weide könnte umzäunt werden. Sie könnten sich da einen grossen Garten anlegen, direkt neben der Kuhweide. 400 Quadratmeter könnte ich Ihnen zur Nutzung überlassen. Einen Aufpreis nehme ich nicht. Dafür müssten Sie für Büsche, Sträucher und Blumen sorgen, auch für den Wiesensamen. Und schneiden müssen Sie das Gras auch. Klar - dürfen Sie eine Hütte darauf setzen."

„Eh, Wasser?" fragte Vater Rottenauer ganz vorsichtig.

„Das können Sie von der Kuhtränke ableiten. Die Leitung zu legen - zehn Meter schätze ich - wäre dann Ihre Aufgabe. Ich helfe Ihnen dabei. Um die Wasseruhr müssten Sie sich kümmern."

Der Bauer hatte sie alle sprachlos gemacht. Ihre Jüngste, die Sabine, hatte sich als erste gefangen: „Baust du mir dann, Papa, im Garten einen richtig grossen Sandkasten?" Der ging sogleich auf sie ein: „Wie soll er denn aussehen? Nein, male ihn mal auf Papier. Wir sind dann unsere eigenen Architekten und Bauer, ich meine Sandkastenbauer."

Schwelle „Altes Haus C" S3

Ja, Vorfreude gibt es nicht nur in der Vorweihnachtszeit!

Als dann vom Bauern noch die Einladung zum bevorstehenden Dorffest kam, waren alle einverstanden, das alte Wohnhaus künftig zu bewohnen. Um den Mietpreis ging's eigentlich gar nicht.

Der Vertrag wurde handschriftlich gemacht, zweimal geschrieben und unterschrieben. Anderthalb Seiten reichten aus zu fixieren, was der Bauer als möglichen Ausbau genannt hatte.

Als Familie Rottenauer ein viertel Jahr später mit Sack und Pack einzog war sie schon im Dorf durch die vielen Ausbauarbeiten am Abend und am Wochenende bekannt.

Tatkräftig wurde von dem einen oder anderen im Dorf geholfen. Gut, der Antrieb war für die meisten die Neugier, was und wer da so in ihre Mitte dazustößt.

In der Folge musste ein zweites Auto her, da die nächste Einkaufzone zwei Kilometer entfernt war und ansonsten nur der Schulbus morgens und mittags fuhr, natürlich nicht in den Ferien.

Das war für Familie Rottenauer der Beginn des Landlebens.

Es endete 11 Jahre später. Mutter wollte wie Vater schon längst selbständig in der Stadt arbeiten. Die Kinder waren aus dem Haus, hatten mit dem Studium begonnen. Jeder hatte seine Arbeit und war damit ausgefüllt.

Was blieb, war die Erinnerung „weißt du noch!"

Schwelle „Arbeitsplatz" S1

'in der Stadt'

„Meine Frau nimmt den Wagen, ich das Fahrrad. Oder ich geh zu Fuß, brauch ja nur zehn Minuten durch den Park." Der Weg zur Schule ist für den 7-jährigen Botho problemlos. Ist die Schule doch ausserhalb der Strasse über einen Fuß- und Radweg direkt zu erreichen. Das ist bekannt und wird im Gespräch der Eltern nach dem formellen Teil des Elternabends nicht weiter thematisiert. Zur Zeit des Kindergartens musste er noch von Maria, seiner Mutter, mitgenommen und am Tor dort abgesetzt werden. Zum Nachmittag gegen halb fünf wurde er regelmässig von Manfred, seinem Vater, abgeholt.

Schwelle „Kinderbetreuung" S2

„In der Stadt bekommt man alles geregelt,“ war einhellige Meinung von Familie Winters und den anderen beim Elternabend.

In der Tat, obwohl sie am Stadtrand lebten, war das Lebensmittelgeschäft fußläufig zu erreichen. Ebenso der Bäcker, der Metzger, der Friseur, die Bankfiliale! Ins Stadtzentrum ging's dann mit dem Auto, genauso wie ins Kino oder ins Theater oder auch schon mal ins Restaurant.

Und zur anderen Seite an den See und in den Wald, den Berg hinauf!

Zum Wochenende - na ja, an einem der Wochenenden - ging es zumeist über die Dörfer rund um die Stadt. Auch schon mal ohne Muttern. Endlich hatte Manfred das Auto zur Verfügung. Maria liess ihm den Spaß die schmalen Strassen zwischen Feldern und Wäldern auf und ab zu fahren. Feldwegefahren hatte was!

Schwelle „Auto“ S2

Es ist ja bekannt, dass die meisten Rally-Fahrer vom Dorf kommen. Wenn man genau hinsieht, erkennt man es auch an den blumengeschmückten Holzkreuzen am Strassenrand.

Fünf Jahre später bestimmte ein neuer Arbeitsplatz des Vaters den neuen Wohnort. Sechs Monate zweimal die Woche je über 300 Kilometer pendeln und somit Familienzusammenführung nur am Wochenende gefiel keinem. Der Umzug in die Nähe des Arbeitsplatzes des Vaters war beschlossene Sache.

Schwelle „Neue Arbeit“ S2

A.2
Junge Paare

'aufm Land'

„In wenigen Schritten bin ich in der Natur,“ meint Victor auf meine Frage, warum er dort mit seiner Familie wohnt, wo er wohnt. „So richtig 'Dorf' sind wir hier nicht. Durch die tolle Wohnlage mit Rheinblick sind bereits viele Wohngrundstücke erschlossen. Wohnen schon viele Städter hier.“

So ist für ihn sonnenklar: „Das ist nicht die letzte Station für uns“. Mag sein dass seine Kindheit auf dem Lande ihn treibt oder nicht los lässt. Seine Kinder sind noch klein.

Dort zu wohnen hatte sich für ihn so ergeben. Er kommt - genauso wie Lena, seine Frau - aus einem anderen Land. Sie sind dort hingezogen, ohne zu wissen, was so abseits der Großstadt abgeht.

Der einzige Impuls war eben zusammenzuziehen. Aus Liebe!

Schwelle „Zusammensein wollen“ S2

Das Wohnungsangebot haben sie dann angenommen. Beide fuhren mit einem Auto zu ihren Arbeitsplätzen in der nahen Grossstadt. Victor meint dazu: „Mein Leben habe ich bisher nicht nach meinem Arbeitsplatz ausgerichtet.“

Auffallend ist für ihn, dass es auf dem Lande viele Möglichkeiten für gemeinschaftliche Aktivitäten gibt.

Und zur Muße findet er!

„Einmal mit dem Rad über die rheinnahen Feldwege.

Und dann mit dem Motorrad. Da brauche ich aber die Berge. Das Bergische Land ist ja so weit nicht entfernt."

Schwelle „Freizeit" S2

Erfüllung findet er auch, wenn er mit den Kindern draußen ist.

Kultur ist nicht sein Thema. „Wer das will, kann ja in die eine oder andere benachbarte Großstadt fahren."

Zum Einkaufen für Essen und Trinken gibt es tatsächlich noch den kurzen Weg (2 Minuten).

Was Leute mit Handicap oder ältere Senioren angeht, ist ihm aufgefallen, dass es in den meisten Häusern keinen Fahrstuhl gibt. Das fängt bei den Einfamilienhäusern an, wo die Schlafzimmer üblicherweise noch im ersten Stock sind. Mobilität mit dem Auto ist gut, aber muss nicht unbedingt sein.

Schwelle „Wohnungswechsel im Alter" S2

Meine abschließenden Fragen nach einem gesünderen Leben beantwortet er mit 'Ja', die nach besserer Luft auf dem Land mit 'Nein'. „Und preisgünstiger lebe ich hier auf keinen Fall," schließt er das Interview ab.

'in der Stadt'

„Ich wars einfach leid." Sigrid seufzte. Sie hatte nur Wochen später nach bestandener Ausbildung zur Rechtsanwalts-gehilfin in der beschaulichen Kleinstadt am Harz sich für einen Arbeitsplatz in der Großstadt am Rhein beworben. Die Rechtsabteilung des Chemie-Konzerns hatte für sie die richtige Stelle, hatte ihr auch eine Pension zum Schlafen für die ersten Wochen in Düsseldorf vermittelt. In der Zeit konnte sie sich dann um eine kleine Wohnung bemühen. Alles war neu für sie. Es war ja nicht nur der Sprung über Hunderte von Kilometern. Sie kam tatsächlich aus einem Dorf direkt neben einer Kleinstadt. Sie fühlte sich als sog. Landei, was gerade ihre Unbedarftheit zum Ausdruck bringen soll und tatsächlich sollte.

Vor ihrem ersten Arbeitstag in der Firma mit dem Zug angekommen, wurde sie noch in der grossen Halle das Hauptbahnhofs von einem jungen Mann angesprochen. „Sie blicken sich so suchend um. Kann ich Ihnen helfen?"
Später kam er damit heraus, dass es ihr rotes Haar gewesen war, das seine Aufmerksamkeit erregt hatte. Sie hatte ihn gar nicht gefragt, warum er dort in der Bahnhofshalle gewartet hatte.
Die Einladung zum Kaffee hatte sie gern angenommen. Dabei hatten ihre Eltern so auf sie eingeredet, sich nicht von den Männern der Großstadt einfangen zu lassen. Sigrid freute sich, dass Horst Zeit für sie fand und ihr den Weg zu ihrer Pension genau erklärt hatte. Am übernächsten Abend klopfte es an ihrer Tür. „Da ist jemand, der zu Ihnen will," die Pensionswirtin hatte mit vorwurfsvollem Unterton gesprochen. Sie gingen in die Kneipe um die Ecke. Horst berichtete ihr, dass er nach längerer Suche einen Job gefunden habe, im benachbarten Stadtteil von ihrem Arbeitsplatz.
Es dauerte genau neuneinhalb Wochen und sie zogen zusammen in eine Appartmentwohnung Zimmer, Küche, Bad, Balkon.

Sie hatten sich und ihre Arbeit. Mehr bedurfte es für sie nicht.

Schwelle „Verliebt in einen Fremden" S3

Das Großstadtangebot mit Sport, Kultur und den ganzen Events, ja, nahmen sie zur Kenntnis, war ihnen aber nicht wirklich wichtig.

„Wir lebten unser Glück," meinte Sigrid zu mir, dem Interviewer, „und waren stets schnell nach der Arbeit in unserem Liebesnest zusammen."

Nie war ihr der Gedanke gekommen, nach der Trennung von Horst die Großstadt hinter sich zu lassen. Als ihre Mutter fernab 'aufm Dorf' davon hörte, bot sie an, wieder zurück nach Hause zu kommen. Sigrid hatte nur laut abwehrend gelacht; ihre Mutter hatte sie damit natürlich vergrätzt.

Eine Rückkehr in ihre 'Landeizeit' kam nicht infrage. Sie war mit Leib und Seele Großstadterwachsene geworden.

Schwelle „Allein wohnen" S3

A.3
Ältere Paare

'aufm Land'

„Doch, wir haben uns in Berlin sehr wohl gefühlt. Gerhard hatte da ja auch seine Arbeit." „Und jetzt wohnt ihr hier auf dem Lande?" „Ja, seit 14 Jahren."

„Gerhards Mutter hatte hier das grosse Haus mit Garten. Erst war es verwaist, doch nach seiner Pensionierung haben wir uns für das Leben auf dem Lande entschlossen."

Das war gerade für Katharina nicht einfach. Sie hatte sich stets als Stadtkind bezeichnet. Die Trennung von ihrem großen Umfeld in der Stadt war so einfach nicht. Der Druck zur Entscheidung kam, weil das Haus auf dem Lande leerstand.

Schwelle „Leerstehendes Haus" S3

Die drei Mädchen studierten, jede in einer anderen Stadt.
„Kommen die Kinder schon mal zu euch aufs Land?" Katharina lacht: „Eine Tochter wohnt mit Familie inzwischen auch hier, gleich dahinten – nur ein paar Meter." Die anderen kommen seltener oder ganz selten. Wir fliegen alle zwei Jahre rüber zu der einen nach Florida. Mit der anderen treffe ich mich immer in der Stadt, in Berlin."
„Also seid ihr so gut wie nie mehr zusammen?" „Das stimmt," meint Katharina und dann erläutert sie nicht – wie man erwarten könnte – die Nachteile des Zusammenlebens.
Nein, sie berichtet von den Vorteilen, die sie selbst erst nach und nach wahrgenommen hat. „Mein Mann und ich haben überhaupt nicht mehr das Problem, es allen - ich meine unsere Töchter - recht zu machen. Jetzt können wir uns bei jedem Zusammentreffen auf die eine Tochter konzentrieren und auf deren Familie."
Der Vorteil eines Weit-Voneinander-Lebens, wenn man sich doch von Zeit zu Zeit treffen will!

Schwelle „Familie driftet auseinander" S3

„War das ein schleichender Prozess mit der Entscheidung auf dem Land zu leben?" „Zunächst schon," meinte Katharina.

„Aber mit unserer Entscheidung gab es einen richtigen Schwung, alles Notwendige anzupacken."

Ich stellte Katharina die Frage, ob sie sich damit selbstverwirklichen konnte. Sie antwortete ernst, ohne irritierendes Lächeln:

„Ich weiss nicht, was das ist."

Ich fragte nicht weiter. Mir war klar: Katharina war angekommen.

Lebensqualität pur!

Alle die sich mühen, nach Selbstverwirklichung streben, werden sie (Katharina) nie erreichen können.

Schwelle „Streben nach Selbstverwirklichung" S3

Zum Interviewende meinte Katharina: „Ohne Auto geht hier nichts.

Da ist nichts mit kleinen Wegen, zum Einkaufen oder zum Arzt. Insofern tun mir die älteren Senioren leid."

„Und was ist mit den Stereotypen 'bessere Luft, gesünderes Leben'?" „Stimmt alles. Zu dem 'gesünderes Leben' muss man wissen, dass auf dem Lande andere Sichtweisen gelten. Das muss dann noch nicht mal mit Bio zu tun haben. Mehr mit fehlender Hektik, zum Beispiel."

Schwelle „Hektikfreies Land" S2

„Lebt man auf dem Lande preisgünstiger?" Katharina lacht: „Nee!"

'in der Stadt'

Willi ist unechter Städter, seit 53 Jahren. Vorher lebte er auf dem Land. Dort hatte er auch einen Handwerksberuf erlernt. Schneider war er. Eine Handwerksausbildung gehörte sich in seiner Familie. Sie waren 8 Kinder drüben in Schlesien gewesen. Als wieder alles aufwärts ging, weil alles kaputt war, wollte Willi mit aufsteigen, „was Besseres als Schneider werden". Für ihn war es das Studium der Betriebswirtschaft. Als Seiteneinsteiger hatte er Glück. Es gelang. So weit sein Werden zum Unternehmer, was ihm heute im Alter noch Lizenzeinkünfte aus Patenten ermöglicht.

Zum Vergleich Stadt-Land sieht er eindeutige Vorteile für die Stadt. Edith, seine Lebensgefährtin, bestätigt es mit Kopfnicken. Willi behält das Wort: „Man kann es an unserem 'guten Leben' erkennen." Für ihn gehört Eigentum zu haben dazu. „Du kannst dich hier einfach selbstverwirklichen. Besonders Rentner können das."

Schwelle „Gutes Leben" S2

Bei meinen abschliessenden Fragen nennen beide Superlative für die Stadt.
Einkaufen: Super.
Kulturveranstaltungen besuchen: Super.
'Kleine Wege' gehen: Sehr gut.
Möglichkeiten für Senioren: Sehr gut.
Medizinische Versorgung: Gut.
Mobilität mit Auto: Nicht wichtig.

Willi lächelt verschmitzt: „Da kommt noch was hinzu." Er verharrt kurz.

„Ein Stück Land."

„Ein Stück Land in der Stadt?": „Seit was weiss ich wie lange habe ich einen großen Garten von der Stadt gepachtet. 'Grabeland' nennen die das. Du kennst es sicher als 'Schrebergarten'."

Schwelle „Stück Land in der Stadt" S3

Und er beschreibt, wie er ihn hegt und pflegt, beackert und erntet. Alles für den eigenen Bedarf.

„Dabei kommen mir immer noch die besten Ideen". Willi weiß, wovon er spricht, Patente für Erfindungen hat er ja nun jede Menge im Sack.

Das Stück Land in der Stadt geniesst Willi als Aktion, als Tun. Doch er gibt auch zu, dass es wohl ein gesünderes Leben bedeutet, wobei er es lieber nicht auf eine sog. bessere Luft beziehen will. Es ist das Moment:

Was er anbaut, das isst er auch; mit Bärlauch fängt's im Frühjahr an.

Für Willi ist's Selbstverwirklichung. Wobei er nicht jemand ist, der auf solches zu sprechen kommt.

„Das Leben ist insgesamt gesehen aber nicht preisgünstiger, der Garten verschlingt so einiges." schließt er mit leicht erhobener Stimme.

Schwelle „Selbstversorger" S2

A.4
Paare in mittleren Jahren

'aufm Land'

Ich fragte Wulf, warum er auf dem Lande wohne.
„Na, der Liebe wegen," entfuhr es ihm. Das reichte mir an Tatsachenerklärung. Doch er wurde noch sachlicher: „Ich liebe die Weite des Landes."
Er stutzte, wurde sich bewußt, dass er zweimal mit dem Hinweis auf Liebe reagiert hatte. „Also, eigentlich wegen Rosi, meiner Frau."
Jetzt hatten wir es geklärt.
Jede Menge an Jahren sind es inzwischen geworden, seit er dem Wunsch seiner Frau, zunächst noch Freundin, entsprochen hat, zu ihr aufs Land zu ziehen.
Die Schwelle zu diesem Entschluss war nicht gering.
Als Workoholic war es für ihn genau passend – bisher, eben nahe seiner Firma zu wohnen, dort in seinen heimatlichen Gefilden im Norden der Republik. Nachdem die beiden sich kennengelernt hatten, war ein schleichender Prozess eingetreten. Mehr und mehr entfernte er sich von seinem bisherigen Lebensmodell mit dem Wohnort nahe dem Arbeitsplatz.

Der Entschluss aufs Land zu ziehen war mit einem Mal da. War auch nicht mehr ganz so entscheidend, da die Liebe zwischen ihnen stetig zunahm. Interessanterweise blieben Diskussionen, dass sie zu ihm in die Stadt zog, völlig aus. Auf meine diesbezügliche Frage meinte er lachend: „Ich kann mich unterordnen." Vielleicht wurden auch nur die Vermögensverhältnisse verglichen und sie hatte eben mehr

Unbewegliches, eben Immobilien. Nicht von Ort zu Ort transportabel! Also sollte bei ihr die gemeinsame Zukunft sein.

So wurde es auch. Ist es noch, heute mit der schönsten aller Gartenanlagen der ländlichen Siedlung – sagen die Leute, sagt Wulf.

Schwelle „Landlust" S2

Vor Ort sind für Wulf alle Wünsche erfüllbar. Das gilt für ihn, wenn er ganz bei sich ist oder mit seiner Frau bei sich und ihr. *(Diese Koinzidenz grammatikalisch exakt zu erfassen, ist so einfach nicht!)*
Ähnlich versteht er seine Aktivitäten mit nachbarschaftlichen Freunden oder Aktivitäten zum Wohl von Gemeinde und Kirche und der einen oder anderen Initiative.

Schwelle „Gemeinschaftliche Aktivitäten" S3

Eine mir auf der Zunge liegende Frage nach Mußestunden nimmt er mir vorweg. „Diese Tätigkeiten sind doch eine Art Refugium."
„Auf was, Wulf, musst du hier auf dem Land verzichten?"
„Auf den Kneipenbesuch."

Schwelle „Kneipenbesuch" S1

Dass ein Auto zur Verfügung steht, ist für ihn unverzichtbar. Allein 3 km sind es bis zum Einkaufen. „Senioren ohne Auto tun mir leid," meint er. „Das ist dann schon beschwerlich. Da hilft auch ein Taxibus nicht wirklich."

Die Land-Klischées bejaht er: „Zu einem gesünderen Leben kommt man schon auf dem Land. Die Luft ist auch besser."
„Was ist mit den Preisen?"
Natürlich ist alles preisgünstiger, was man zum Leben braucht. Aber nicht unbedingt das einzelne Produkt."
„Sondern?"
„Man gibt kaum Geld aus.
Ich meine damit: Du wirst viel weniger verführt, viel Geld auszugeben. Wenn du Lust auf was hast, das gerade nicht mehr im Haus ist, machst du dich nicht unbedingt auf den Weg, es zu besorgen."

Schwelle „Geldausgeben" S3

'in der Stadt'
„Wenn wir ins Rheinland ziehen, wollen wir denn dort wieder 'aufm Land' wohnen?" Gabys Antwort traf Felix mit Vehemenz. „Natürlich nicht! Wie soll ich denn da an meine Kundinnen kommen?"
War klar, bei unserem Umzug in die Landeshauptstadt kam also eine neue Wohnung im dortigen ländlichen Umland nicht infrage. Es wäre Felix dagegen recht gewesen; sie wohnten ja hier gerade erst 6 Jahre 'aufm Land'.
Für ihn hätt' es so weitergehen können.
Aber Gaby wollte aus ihrer kleinen Schneiderei heraus und zu einem Sprung in exklusivere Verhältnisse beim Kleidermachen ansetzen. Sie traute sich das zu. Felix ihr auch! Ihre Kreativität schätzte er. Und dann, das hatte er schon längst mitbekommen, war Gaby hundertprozentig, wenn sie schneiderte. Die bisherigen Kundinnen waren von ihr angetan.

Was Gaby und Felix brauchten, war also eine Vier-Zimmer-Wohnung. Für 2 Kinder und 2 Erwachsene sollte das neue Zuhause reichen. Zwei größere Zimmer mussten sein, damit genug Platz zum Schneidern und zur Anprobe da war.

Die Lage war auch wichtig, damit die Besucherinnen sich nicht vom Drumherum abgestossen fühlten, schließlich war weder eine echte Werkstatt noch ein Ladenlokal vorgesehen.

Treibender Geist für den Umzug war also Gabys Absicht, ihre Kunst des Schneiderns auf eine neue Stufe zu stellen. Dass die Familie ohne grosse Diskussion mitmachte und für den Umzug 'in die Stadt' vorbereitet war, hatte Felix im Nachhinein doch erstaunt.

Schwelle „Gabys Arbeit" S2

Aber rein funktional betrachtet war es für ihn egal, 'aufm Land' oder 'in der Stadt' zu arbeiten. Seine Aufgabe war ja die Erziehung der Kinder, die Besorgungen für den Haushalt und Bücher schreiben. Mit dem Hund, das würde vielleicht noch ein Problem werden.

Mehrere Angebote 'in der Stadt' wurden abgearbeitet. Nach einigen Wochen war das Objekt ihrer Wünsche gefunden. Der Vertrag ging dann schnell über die Bühne. Der Umzug hatte es in sich, aber letztlich hat alles geklappt.

Sie waren 'in der Stadt' angekommen.

Kindergarten, Schule, Sportverein – das Angebot war vor der Tür und wurde ohne Umstände genutzt. Als dann die erste Interessentin für ein neues Kleid anrief, an der Tür klingelte und bestellte, kam für Gaby auch ihr Geschäft in Gang.

Schwelle „Geschäft in der Wohnung" S2

Nur, die Nachbarn im Mehrfamilienhaus bleiben ihnen meist unbekannt, bis auf die mit Kindern. Man grüßte sich. Dann hörte es aber auch schon auf.

„Gut, dass wir so nah am Fluss wohnen," meint Gaby. „Ist ne völlig neue Natur. Vorher wars der Wald und die Wiesen. Jetzt ist's der Fluss und die Ufer."
Das sieht Felix auch so.
Die beiden Kleinen sprechen überhaupt nicht mehr vom 'aufm Land' wohnen. Auch nicht vom Hund. Gabys Schwester wollte ihn unbedingt bei sich haben. Und so blieb er 'aufm Land'.
„Ja," Felix Augen leuchten, „wir genießen 'in der Stadt' zu leben."

Schwelle „Naturnahes Stadtwohnen" S2

A.5
Singles

'aufm Land'
„Ich bin ein Single auf dem Land." Thelma sagt es mir direkt ins Gesicht. In dem Moment weiss ich, dass Thelma und Land zusammengehören. Als 'Landei' würd' ich sie nie bezeichnen. Sie ist schon der Ansicht, dass ihre Kindheit prägend gewirkt hat. Abgelegen am Rande der Kleinstadt hatten alle Kinder den Wald und die Wiesen zum Spielen herrlich gefunden. Buden hatten sie sich gebaut. Die wenigen Autos auf der Strasse hinderten sie nicht am Spielen auf der Strasse. Da war keine Angst, weder im Wald noch auf der Strasse.

Schwelle „Sicherheit für Kinder" S2

Ja, das waren andere Zeiten als heute, wo den Kindern die Vorsicht und damit die Angst eingetrichtert wird. Hat ja auch seinen guten Grund. Wie oft gibt es heutzutage Missbrauchsopfer im Wald oder Verkehrsopfer auf der Strasse!

Erwachsen geworden hatte Thelma sich mit Düsseldorf eine nahelegene Großstadt ausgesucht. Beruflich bedingt. Sehr verlassen kam sie sich zunächst in der grossen Stadt vor. Anschluss fand sie vermehrt zu Arbeitskolleginnen, die wie sie auch vom Lande kamen.

Die Entscheidung auf dem Lande zu wohnen war letztlich emotionslos. Ihr Lebenspartner arbeitete in der Stadt Duisburg und sie im Linksrheinischen der Stadt Düsseldorf. Zwischen diesen Großstädten lagen die dörflichen Ortsteile der Gemeinde Meerbusch. Den in der Mitte wählten sie zum Wohnen aus.

Ganz rationale Entscheidung, mit Null Anteil Kindheitserinnerungen!

Beider Hauptimpuls für das Landleben waren der Ausgleich der Fahrwege zum Arbeitsplatz. Die Mitte zwischen beiden war eben 'aufm Land'.

Schwelle „Weg zum Arbeitsplatz" S2

Inzwischen wohnt Thelma bereits 30 Jahre auf dem Lande. Ihr Lebenspartner ist seit langem tot. „Alles ist hier überschaubarer und gemütlicher", meint sie. „So vieles kann ich mir erfüllen. Das heisst, auf den Kauf von Garderobe muss ich hier verzichten. Die Auswahl ist zu gering."

„Du lebst hier deine Selbstverwirklichung?" Ihre Antwort überzeugt: „Gehört das nicht ganz normal dazu." Es klingt nüchtern aus ihrem Mund.

Ich finde es immer wieder herrlich, wenn Selbstverwirklichung aus ihren hehren Sphären heruntergezogen wird.

Schwelle „überschaubar und gemütlich" S2

Dass jeder jeden kennt, führt für sie nicht zu einer intensiveren nachbarschaftlichen Nähe. Den besonderen Landgenuss hat sie, wenn sie mit dem Rad über die Felder fährt. Natürlich bleibt sie dabei auf den Feldwegen. Ist doch klar. Die florale Natur ist ihr besonders nah, wenn sie auf ihrem Balkon Blumen pflanzt.

Abgehängt von der Stadt fühlt sie sich nicht. Einkaufsmöglichkeiten und Kulturwahrnehmungen sind ok, wie sie sagt. Thelma schätzt zwar die kleinen Wege, doch ein Auto braucht sie schon.

Preislich macht das Leben auf dem Lande für sie keinen Unterschied zur Stadt.

„Gut, die Mieten sind was niedriger."

Schwelle „Preisgünstig wohnen" S2

'in der Stadt'

Schon 16 Jahre lebt Sara in Wien. Als sie mit Anfang 30 den Sprung von einer Gemeinde mit 4000 Einwohnern in eine Millionenmetropole wagte, hatte sie nie die Befürchtung, eine falsche Entscheidung getroffen zu haben. Ihr Grund war einzig und allein der neue Job.

'Aufm Land' hatte sie über ihren Job hinaus sich politisch engagiert. 'In der Stadt' nahm das viel grössere Formen an.

Fragt man Sara nach ihren Orten der Wunscherfüllung, so ist für sie klar, wie 'aufm Dorf' auch 'in der Stadt' ihr naturnahes Leben zu führen. Dass sie Vegetarierin ist, ist dann irgendwie normal.

Wenn 'in der Stadt' die Parkanlagen sie anziehen, versteht das auch jeder. Besonders die Stadtbeete haben es ihr angetan, diese neue Entwicklung der Nutzgärten mitten 'in der Stadt'. Am Donaukanal kann man die Vielfalt und Buntheit bewundern. Als am Beeindruckendsten kenne ich jene auf dem Tempelhofer Feld, dem stillgelegten Flugplatz in Berlin.

Schwelle „Garten in der Stadt" S2

Aber einmal im Jahr macht sie eine Landfahrt, die so nicht jeder tut. In den drei Wochen jeden Sommer im Wendland südlich Hamburg – heutzutage den meisten als Land des Atommülllagers und der Demonstrationen dagegen bekannt – erlebt Sara 'Natur pur', in einem den Indianern abgeschauten Zeltleben. Der ihr Horror bereitende Verkehrslärm ist weit weg. Weltenlärm kümmert sie dort schon gar nicht.

Erfüllende Arbeit kann es für sie aufm Land und in der Stadt gleichermassen geben. Gut, 'aufm Land' sind ihr die landwirtschaftlichen Bezüge wichtig, doch ihr Webdesign macht sie unbeeinflusst von Land und Stadt.

Schwelle „Ferien auf dem Land" S2

Internet ist eben eine Region für sich. An sich. Damit alle an Internet interessierten Menschen die Chance des Zutritts zu dieser virtuellen Region haben, muss natürlich Telekommunikation unter die Leute allerorten kommen. Der Zutritt sollte dabei mit dem Zugriff, besser der Zugriffszeit, im Einklang stehen. Allgemein ist bekannt, dass es mangels Breitbandverkabelung daran noch 'aufm Land' hapert. „S'kommt aber, da bin ich mir sicher", meint Sara.

Die Interessenten aufm Land sind halt nicht so zahlreich wie 'in der Stadt'. Schon deshalb findet Sara weniger Gleichgesinnte 'aufm Land'.

Schwelle „Internet" S1

Die Stadt und ihre Menschennähe zeigt sich dagegen ganz und gar positiv. Abstriche gilt es zu machen, was Kinder angeht. „'In der Stadt' kann ich für die Kinder nur die Daumen drücken; 'aufm Land' kann ich die Dinge regeln." Sara hat da eine feste Meinung. Gut, das ist eine Schwarz-Weiß-Unterscheidung; sie kennzeichnet aber die Dimension von Gefahrenquellen. Auf jeden Fall sieht sie für Kinder bis zehn Jahre das Landleben als Nonplusultra.

Schwelle „Kinder führen" S2

Nicht nur der Kinder wegen ist ein Auto 'aufm Land' notwendig. 'In der Stadt' geniesst sie, die 'kleinen Wege' zu gehen. Das sieht sie auch für Senioren. Sie meint, es kommt aufs Handicap an, ob das Landleben für jene (noch) möglich ist.

Das Leben 'aufm Land' - verbunden mit besserer Luft – ist für sie gesünder. Das ist eindeutig. Eigentlich ist es auch preisgünstiger, und zwar, weil man nicht alles zu jeder Zeit sich besorgen kann.

In der Stadt erliegt man den Versuchungen, 'aufm Land' kann man ihnen leichter widerstehen.

Schwelle „Geldausgeben" S3

A.6

„Ich pendle zwischen Land und Stadt"

„Unterwegs bin ich etwa eineinviertel Stunde. Morgens zur Arbeit und abends die gleiche Zeit zurück nach Hause." Jeden Tag fährt Sebastian die Strecke, mit Auto, Regiobahn und Straßenbahn. „Seit 17 Jahren," fügt er hinzu.

Schwelle „Fahrzeit zur Arbeit" S2

Zu Hause im Bergischen Land fühlt es sich für ihn an wie auf einem Kurzurlaub. Er spürt sogleich Erholung von der Arbeit in der Großstadt. Eine Arbeit, die er liebt. Als Diplom-Kaufmann in einem der längs des Flusslaufs etablierten Industriebetriebe tätig zu sein, wäre nicht weit von seiner häuslichen Umgebung möglich gewesen.

„Doch ich habe mich nach dem Lustprinzip entschieden," lächelte er. So wurde er Verlagsmanager und Chefredakteur einer rheinischen Großstadt. Ist es heute noch.

Sein Zuhause sieht Sebastian als ein Ort der Wunscherfüllung. Auf nichts muss er verzichten. Dagegen bietet ihm die Großstadt den Ort der erfüllenden Arbeit. So ist bei ihm

Selbstverwirklichung nicht an Orte gebunden, denn „es kommt darauf an, was man daraus macht."

Gesellschaftliches und gemeinschaftliches Engagement ist ihm hier wie da möglich. Als Mitglied einer Rockband 'aufm Land' kann er da mitreden und als Medienvertreter in der Stadt sowieso.

Schwelle „Wunscherfüllung" S3

Die Entfaltung der Kinder sieht er positiver 'aufm Land'. „Der Kosmos ist überschaubar. Kinder haben es da leichter, irgendwo anzudocken."

Die Einkaufsmöglichkeiten sieht er 'aufm Land' sehr begrenzt. „Klamotten geht gar nicht." Kulturveranstaltungen nimmt er auch daheim wahr. Es gibt sie, weil sich verschiedene Orte bei der Durchführung von Events zusammengeschlossen haben.

Die Grundversorgung sieht er selbst für Senioren als ausreichend gegeben. Aber die Frage nach der Notwendigkeit eines Auto 'aufm Land', beantwortet er mit „Ja, absolut!"

Schwelle „Auto" S2

Während es für Sebastian 'aufm Land' die bessere Luft gibt, ist für ein 'Gesünder leben' die Bilanz ausgeglichen. „Aber preisgünstiger ist es 'aufm Land' zu leben. Definitiv!"

A.7

„Wir ziehen im Alter aufs Land"

Dorothée und Philipp fühlen sich richtig wohl in der Stadt. So dachte ich und war doch sehr überrascht, von ihnen zu hören:

„Wir überlegen, aufs Land zu ziehen."

Das klang unisono. Dorothée ergänzte noch: „An die Nahe, wo ich herkomme."

Beide sind in den Siebzigern, feiern in zwei Jahren 'Goldene Hochzeit'. Ich kenne sie als sehr rege in der Musikkultur tätig, er spielt Laute und Gitarre, komponiert sogar auf seine 'alten Tage'. Sie singt im Chor, auch schon mal solo auf Hausveranstaltungen.

Das geschieht im gesamtstädtischen Bereich, sogar in ihrem nahen Umfeld, am Rande der Stadt.

Sich einsam fühlen ohne Kontakte zu den Leuten, na, das kennen sie nun wirklich nicht.

Wie passt dann ihre Überlegung 'aufs Land ziehen'?

Einfach nur 'raus aus der Stadt', darum geht es ihnen bestimmt nicht.

Fällt mir doch gerade ein, dass meine Oma zu allen 'raus' meinte, damit sie z.B. in Ruhe Ordnung in den Zimmern machen konnte. Sie sagte aber 'rus'. Das war stets eine klare Ansage.

Erstaunt hat mich dann, als ich mit dem Lateinlernen begann und eins der ersten zu lernenden Worte 'rus' war. Übersetzt: 'aufs Land'. Sollte es meine Oma schon mit der Metaphorik gehabt haben?

Das Ländliche begegnete mir dann wieder in der Sexta, gleich am Anfang weil das Gymnasium mit Latein begann.

Die erste zu lernenden Wörter in der Sexta waren 'agricola arat', übersetzt: 'Der Bauer pflügt'. (Nur der Vollständigkeit halber) Direkt dahinter kam 'puella cantat', übersetzt: 'Das Mädchen singt'.

Ich hatte verstanden: Das Kulturleben war ländlich geprägt.
Aus den Gruppenbefragungen hatte ich schon zitiert: 'Jede Stadt war mal Dorf'.

Kann ich noch überhöhen: 'Im Anfang war die Kultur des Ländlichen'; davor - wie alle wissen - gab's nur das biblische Tohuwabohu „.. und die Erde war wüst und leer".
Zurück zu unserem älteren Ehepaar.
Ihre Beweggründe haben zwei Ansätze, einen praktischen Aspekt und ein Heimweh- und Sehnsuchtsverlangen.

Schwelle „Heimkehr aufs Land" S3

„Die ersten wichtigen Jahre," meint Dorothée, „das war mein Leben auf unserem Bauernhof an der Nahe." Philipp fügt hinzu: „Bei mir ebenso aber in Polen."
„Eine Bewegung ad fontes?" meinte ich. Beide kannten dieses 'zu den Quellen' eher als 'zurück zu den Wurzeln'.
Für Dorothée war es Heimweh, für Philipp Sehnsucht. Und das obwohl sie schon über 60 Jahre in Düsseldorf lebten.
Erinnert wurden sie aber durch die mehrmaligen Besuche im Jahr dort. In dem vermieteten Wohnhaus hatten sie einen Teil für sich reserviert.
Das war das eine.

Das andere war, dass es eine ihrer Töchter dorthin 'verschlagen' hatte. Inzwischen war auch ein Enkelkind da. „Wenn wir keinen dort kennen würden, gäb's die Überlegung aufs Land zu ziehen nicht," meinten beide übereinstimmend.

Schwelle „Familiärer Zusammenhalt" S1

Ihre Kontaktzone ging jedoch über das Familiäre hinaus. Durch die vielen Besuche kannte man sich im Ort; kulturell hatten sich beide immer wieder mit musikalischen Auftritten in der Umgebung engagiert.

Alles in allem sahen sie es für sich als einen starken praktischen Ansatz dort auf dem Land zu leben. Es schwang bei ihnen mit, dass sie in Notlagen mit ihrer Tochter und dem Schwiegersohn oder später der Enkelin eine liebe Hilfe hatten. Das jene auch mal von dort weg ziehen könnten, klammerten sie aus (jedenfalls vor mir). Mit der Frage danach hielt ich mich zurück; ich hätte nur ihre bisherigen Absichten beeinflusst. Das ist so; bekannter ist dieser Sachverhalt aus der Physik: Wenn der Beobachter versucht näher an den Lauf der Elektronen heranzukommen, verändert er den Lauf jener.

Ich bat sie mir zu erklären, was für Hauptunterschiede sie bei Land und Stadt sähen.

Es ging gleich fundamental los; Philipp meinte: „In der Stadt verliert man den Bezug zum Leben." Es mag was mit den Augen zu tun haben, denn er fuhr fort: „Man kann dort so viel sehen."

Da fällt mir ein Gespräch - Jahre zurück - zwischen meiner Mutter und ihrer Nachbarin ein. Ich war dabei, sie abzuholen und kümmerte mich um ihr Gepäck. „Ja, die nächsten drei Wochen bin ich am Meer." Worauf die Nachbarin erstaunt fragte: „Drei Wochen? Was gibt's denn da zu sehen? Da ist doch nur Wasser." Worauf ich meine Mutter erwidern hörte: „Aber das ist es doch. Ich bin dann mit der ganzen Weite vereint."

Bei mir zeigte das auf jeden Fall Wirkung, bis heute. Es vergeht eigentlich kein Jahr, an dem ich nicht ein paar Tage am Meer verbringe. Was meine Mutter empfand, konnte ich ja so nachvollziehen. Und damit auch Philipp und seine Beschreibung der wasserfreien Zone aufm Land!

Es ging ihm nicht nur um das In-Die-Ferne-Schauen, nein, auch um den verdichtenden Blick nach innen.

Schwelle „Viel und weit sehen" S3

Er erinnerte sich an ein Ergebnis der Evolutionsforschung: „Der Mensch ist fähig, ein Dorf zu überschauen, nicht mehr." Neben dem Blick für den Überblick stimmten beide überein, dass im Dorf noch das Gefühl des Selbstversorgers sehr präsent ist. Der Gedanke des Eigentums kommt hier auf. Ich hatte betont, dass 'aufm Land' dieses Denken eine höhere Relevanz haben kann. Als Selbstversorger ist man Herr seiner Dinge und fühlt sich entsprechend. Dorothée, die bisher aufmerksam den Aussagen ihres Mannes gefolgt war, meinte: „Ich finde, 'aufm Land' gibt es mehr Geborgenheit."

Das Praktische hatten wir abgehandelt, deshalb traute ich mich, noch einen Schritt weiter zu gehen.

Ich warf einen Zusammenhang mit 'aufm Land' wohnen und dem Lebensende auf. „Gibt es bei euch ein Denken: 'Zum Sterben ziehe ich mich aufs Land zurück.' - wie die Elefanten?"

Vehement und gar nicht unangenehm berührt reagierten beide mit 'Ja'.

„Jetzt im Alter aufs Land zu ziehen, da würde ich noch einmal einen Schnitt machen," meinte Philipp.

„Mein Lebensrhythmus erfährt dann noch einmal eine Änderung, zum letzten Mal in meinem Leben."

Schwelle „Letzter Schnitt vor dem Tod" S3

Mir kommt das letzte Gespräch mit Stephan Hessel in den Sinn. Er war schon 95; wir trafen uns in seiner Pariser Wohnung. Drei Jahre zuvor hatten wir uns bei einem gemeinsamen Projekt 'Engagement und Poesie' mit Schülern verschiedener Gymnasien kennengelernt. Alle hatten wir Hochachtung vor ihm, hatte er doch gerade mit seinen Büchlein 'Empört euch!' und 'Engagiert euch!' weltweit Furore gemacht.

Wie Philipp eben – so sagte mir der 95jährige fitte Alt-Diplomat:

„Ich mache jetzt noch mal einen Schnitt. Ich habe alle meine Engagements in der Welt beendet, nächste Woche spreche ich noch mal in New York; dann ist Schluss. Meine Frau organisiert bereits den Umzug."

Leicht verdattert fragte ich, was er denn vorhabe. „Ich verbringe die Zeit bis zum Ende – so hoffe ich – auf dem Lande bei einem Schäfer. Wir sind seit langem befreundet. Wir können dann täglich drauflos philosophieren. Sie wissen doch, Schäfer waren immer schon Philosophen." Nach reiflicher Überlegung und einigem Bedauern – schliesslich brauchte sie nur 3 Minuten zur nächstgelegenen Metro-station – hatte auch seine 12 Jahre jüngere Frau zugestimmt. Im südlichen Teil des französischen Zentralmassivs war man nicht von der Welt abgeschnitten.

Diesen Schnitt hatte Stephan Hessel beabsichtigt und öffentlich gemacht. Was daraus wurde, verbleibt für mich im Dunkeln, denn nur 4 Monate später kam die Nachricht über die Medien, er sei gestorben – ohne jeglichen Hinweis auf die Umstände seines Todes.

Was bleibt, ist seine Absicht einen Schnitt zu machen, und das im hohen Alter.

Philipp ist nicht klar, ob es bei ihm selbst eine Flucht vor dem Kommenden ist oder eine Eroberung des Neuen. Jedenfalls hat die Diskussion unter den Eheleuten begonnen.

Wobei der Schnitt bei Dorothée auch sein könnte, nach Verkauf des Reihenhauses am Rande der Stadt, das Leben 'aufm Land' mit einem phasenweisen Leben 'in der Stadt' zu ergänzen. Ein Appartment in einem attraktiven Viertel schwebt ihr vor. Dort würde man sich hin zurückziehen, wie bisher man sich aufs Land zurückgezogen hätte. Dann wäre 'aufm Land' ihr Lebensmittelpunkt und 'in der Stadt' eine Anlauf- und Schlafstelle für die stets willkommenen Unterbrechungen. Dorothée nannte sie 'Unterhaltungskontakte'.

Schwelle „Fluchtpunkte" S2

A.8

„Wir ziehen im Alter in die Stadt"

In der Stadt hat Georg schon einmal gewohnt. Dann, nach dem Eheausstieg, lernte er seine zweite Ehefrau kennen. Sie wohnte 'aufm Land'. Schnell ging es, und er wohnte dort 'aufm Land', bei ihr – und den beiden Katzen. Alle drei hatten es ihm angetan. Sein Geschäft, sehr zentral gelegen, beließ er in Düsseldorf. Nun war er Pendler. Er kann ein Lied davon singen, wie schwer es ist, das eigene Verständnis von Land und Stadt auf einen Nenner zu bringen.

Schwelle „Pendler" S2

Es gab einmal die Zeit, da freute er sich über Kunden aus dem näheren Landbereich, die den Weg zu seinem Laden in der Stadt auf sich genommen hatten.

Recht bald trat aber bei ihm Irritation ein. „Weisst du, Leute die vom Land zu mir in die Apotheke kommen, deren Leben ist an sich beendet". Diese für ihn klare Erkenntnis erschütterte mich.

Es brach aus ihm heraus: „Man kann da wohnen, aber nicht leben. Man grenzt sich stärker ab; schon ein fremdes Auto direkt vor dem Haus geparkt, wirkt störend. Auf die Idee, eine Ausstellung irgendwo zu besuchen, kommst du gar nicht. Du hast zwar mehr Ruhe dort, du bist aber auch dem Tod näher."

Bah, das hatte bei mir gesessen.

Schwelle „Sich vereinsamen wollen" S1

Ihn direkt anschliessend nach den Versorgungsmöglichkeiten 'aufm Land' abzufragen, fiel mir nicht leicht. 'Auto' ist für ihn ein Muss, dagegen ist 'Rad in der Stadt' für ihn Genuss. Kulturveranstaltungen 'aufm Land' hält er sich vom Leibe („kleinbürgerlich, unerträglich"). Nirgendwo finden sich die sog. kleinen Wege der Versorgung.

Gesünder 'aufm Land' zu leben oder bessere Luft zu atmen – solchen Ansichten stimmt Georg nur mit Vorbehalt zu. Preisgünstiger geht es für ihn auf jeden Fall zu: „Die Kaufanreize sind überschaubar. Eine Verführung zum Kauf gibt es so gut wie nicht. Ja, und Wohnen ist natürlich drastisch billiger."

Ihm ist aufgefallen, dass in den Lokalmedien der Wohnungstausch eine wachsende Rolle in der Berichterstattung einnimmt. Zumeist sind es ältere Paare, die aus Eigentum mit Treppen in barrierefreies Wohneigentum jüngerer Familien umziehen. Das geht von wechselseitigem Mieten/Vermieten bis zum Eigentümerwechsel. Er ist sich sicher: „Wir stehen da vor einer Innovation im Wohnen".

Schwelle „Wohnungswechsel" S2

Georg resümiert:„Doch für meine Frau und mich ist es klar: Wir ziehen im Alter in die Stadt. Würde ich nicht täglich in der Stadt meinem Traumberuf nachgehen, der mich eben vollkommen ausfüllt, würde ich auch privat schon längst wieder in der Stadt wohnen wollen. Solange aber meine Apotheke mein berufliches Zuhause ist, ist das Private nicht so wichtig." Er lacht: „Außer meiner Frau. Wegen ihr habe ich ja diesen Wohn-Umweg übers Land gemacht."

A.9
Erkenntnisse von Raumplanern

Berlin und Umland

Gottfried ist Stadtentwickler und Wohnberater in Berlin
Gottfried ist Alt-Berliner, aber nicht dort geboren. Berlin ist für ihn seit langem Arbeits- und Wohnplatz. Das Thema 'wohnen' hatte ihn bereits früh in den Siebzigern gepackt. Er war einer der ersten Mieterberater in Kreuzberg. Es war schon frühe Initiativarbeit. Berlin war zu der Zeit die Lösung, wenn man als männlicher junger Mann zur Bundeswehr sollte. Die Schwelle war, den Dienst zu verweigern und das anerkannt zu bekommen.

Schwelle „Bundeswehr" S2

Der überaus bekannte Rat hieß dann „Fahr nach Berlin". Dort fanden Kriegsdienstverweigerer ihre Freiheit – wie so viele andere auch. Gab es doch zum Beispiel keine Sperrstunde in den Kneipen.
Heute ist der Berlin-Slogan wieder en vogue. Der Fussball hat's möglich gemacht „Wir fahren nach Berlin. Wir fahren nach Berlin", Jeder kennt die Skandierung für die Finalaustragung im deutschen Fußballpokal.

Für Gottfried sind es die Menschen, die die Schwellen darstellen. „Die Menschen selbst sind also die Schwellen. Die einen führen mit Engagement den Nachbarschaftsgedanken aus, die anderen wollen schlichtweg ihre Ruhe haben." Gottfried versteht sich nicht als Avantgarde der einen oder anderen Seite.

Schwelle „Individuell agieren" S2

Berlin in all' seinen Arealen sieht er als Ort der Wunscherfüllung. Verzichten muss er auf ein Zusammenleben mit Hund oder Katze. Er sieht in der Stadt nicht wirklich einen Auslauf für die Tiere.

Das Wohlgefühl für Berlin hängt auch mit seiner Arbeit zusammen „Ich geh hier gern hin. Macht mir Spass." Gottfried spitzt es noch zu: „Ich habe so viele aufgelaufene Überstunden. Aber – warum soll ich Urlaub nehmen?"

Schwelle „Erfüllung in der Arbeit " S3

Zu den Orten der Ruhe zählt er das Wohnen zu zweit. „Noch mehr aber, wenn ich allein bin." Insgesamt gesehen hat Gottfried „jede Menge Gestaltungsfreiheit", wie er auf meine Frage nach Selbstverwirklichung in der Stadt meint. Möglichkeiten zu einem gesellschaftlichen bzw. gemeinschaftlichen Engagement sind „in hohem Maße vorhanden". Er weiß aus Erfahrung: „Es gibt immer eine Gruppe von Leuten, die sich betätigen wollen."

Dabei kommt auch die Entfaltung der Kinder nie zu kurz. „In Berlin ist das Angebot, auch das Platzangebot der Spielplätze und Parks einfach riesig".

Für Senioren ist das anders.

Doch im Kommen sind zum Beispiel „Neubau-Module nach dem Vorzeigeprojekt der 'Freien Scholle Bielefeld', wo Senioren aus dem 4. Stock nach hinten in den Hof in eine

Wohnung zu ebener Erde wechseln können; in den 4. Stock zieht dann eine treppentaugliche Familie ein."

Schwelle „Wohnungstausch" S2

Einen Sonderfall gibt es in der medizinischen Versorgung. Durch den enormen Andrang ist sie im Bezirk Kreuzberg am Scheitelpunkt.

Trotz der vielen Grünanlagen ist die Luft nicht die beste. Für Gottfried ist klar: „Liegt an den Autos."

Auch die Wohnungssituation ist nicht mehr wie sie war. „Das Steigen der Mieten wird bei vielen zu einer Bedrückung." Doch neue Wohnmodelle kündigen sich an. Über Alt-Jung-Wohnen im Haupt- und im Hinterhaus hinaus sind es zum Beispiel „Clusterwohnungen. Da hat einer 5 kleine Appartments à 30 qm auf einer Gesamtfläche von 300 qm. Es gibt einen Generalmietvertrag mit Fixierung der Rechte für Nachmieter. Eine sog. Soziale Hausverwaltung regelt die Zu- und Abgänge. Begonnen hat es bereits im Bezirk Schöneberg."

Schwelle „Innovatives Wohnen" S3

Berlin und Umland

Hans ist Raumplaner in Berlin + Brandenburg

Wohnen tut Hans in Berlin, arbeiten in Potsdam. Damit kehrt er die ganz normale Situation Wohnen und Arbeiten um und genießt stets, den Stau auf der Gegenfahrbahn zu sehen, am Morgen und am Abend. Man nennt das 'Pendeln gegen den Strom'. Das Prinzip des 'modal split' mit Nutzung von Auto und Öffentlichem Nahverkehr ist dabei sehr verbreitet.

Beide Verkehrsmittel werden also auf einer Strecke für den beruflichen als auch privaten Weg 'Land-Stadt' genutzt.

Schwelle „Modal Split" S2

Sein Leitungsjob in der Gemeinsamen Landesplanung Brandenburg-Berlin passt genau in die Entwicklung seit seinem Studienschwerpunkt 'Planung'.

So ist es nicht verwunderlich, dass meine Frage nach dem Ort der erfüllenden Arbeit nur die eine Antwort kennt: „Mein jetziger Arbeitsplatz". Bei meiner Frage nach Orte der Wunscherfüllung hebt Hans die suburbanen Bereiche in den peripheren Arealen der Stadt hervor. Es erinnerte mich an Peter Handkes Beschreibung der Stadt Salzburg und seinen Ausläufern in die angrenzenden Umlandgemeinden, in seinem Roman 'Der Chinese des Schmerzes' Seite 50: „Der Abend war lebhaft in diesem Zwischenbereich, ganz anders als in der Innenstadt, wo die Gassen und Plätze zu dieser Zeit beinahe entvölkert sind, ..".

In vorstädtisch Geprägtem sich wohlfühlen, nun, das hat was.

Für Hans ist da der ins Grüne wabernde 'Prenzlauer Berg' das passende Beispiel. Dort ist die höchste Kinderdichte von ganz Berlin. Fragt man dort die Jugend im Teenager-Alter, so erhält man als Antwort „Wir sind hier mittendrin; draussen 'aufm Land' hinter den hohen Hecken ist es doch langweilig." Hans versteht die Jugend, und ich glaub ihm.

Schwelle „Zwischenstadt" S3

In diesem Vorstädtischen findet er auch Muße und Ruhe, in den Parks, den Wegen entlang des Kanals und im Wald. Und – das möchte Hans nicht unerwähnt lassen – zu Hause.

Ob es sich auch hier in dem 'Vorstädtischen' wie überhaupt 'aufm Land' preisgünstiger leben lässt als 'in der Stadt', das bleibt für ihn eine offene Frage. „Bei dem günstigeren Wohnen darf man die Opportunitätskosten (Wegezeiten usw.) nicht außer acht lassen."

Schwelle „Opportunitätskosten" S2

Ja, rein rechnerisch gesehen, halten sich für Hans wohnen 'aufm Land' und wohnen 'in der Stadt' die Waage.

Wien und Umland

Erika ist Raumplanerin in Wien + Niederösterreich

Erika wohnt und arbeitet in Wien. Als studierte Verkehrsplanerin hatte sie ihren Job in der Leitung von Stadt-Umland-Management regelrecht gesucht. „Das war die Realisierung meiner Berufung. So war's, so ist es." Seit zehn Jahren hat sie den Überblick über alle Politiken im Stadt-Umland-Geschehen; eine Politikerin sei sie deshalb nicht, betont sie.

Den Elementen Stadt und Land fügt sie 'Zwischenstadt' hinzu, eine Region „nicht Fisch, nicht Fleisch" - aber eben mitten im Geschehen, auch geografisch gesehen. Wir werden diese Differenzierung aufnehmen und verfolgen. Wie jetzt für Wien wurde sie auch schon für Berlin und Düsseldorf genannt.

Schwelle „Zwischenstadt" S3

Ich frage sie nach Orten der Wunscherfüllung. Sogleich kommt sie auf ihre Eltern zu sprechen. Sie machen das, was sie gern mal ausprobiert hätte. „Sie wohnen 'aufm Land' und haben ein Appartment hier 'in der Stadt'."

Zu meiner Frage nach Orten des Verzichts entgegnet sie, dass die Wünsche eigentlich 'Sozialromantik' sind. 'Mit Verzichten leben' ist für sie als Mensch mit Realblick sehr vernünftig. „Denn zu viele Zuordnungen bestehen für den einzelnen. Es hängt davon ab, was einem zugehörig ist und in welchem Lebenszyklus man sich gerade befindet."

Schwelle „Mit Verzichten leben" S3

Es gibt für sie tatsächlich Orte der Ruhe. Das sind die vielen verschlungenen Wasserareale im Nationalpark Donau 'in der Lobau'.

Schwelle „Ruhe" S3

Was an Selbstverwirklichung möglich ist, da differenziert Erika. „Das Selbst entwickelt sich!". Für sie ist es nur bedingt eine Willenssache, denn „die Lebensumwelt prägt sehr stark das Leben". Hätte sie anfangs 'aufm Land' gelebt, wäre sie gern Försterin oder Bäuerin geworden.

Als Kind der Stadt sind ihr die Möglichkeiten, sich selbst zu verwirklichen in der Stadt, eigentlich zu viele. Doch eins ist ihr nicht zuviel:

Einmal die Woche geniesst Erika es, den Heimweg von der Arbeit als Spaziergang zu absolvieren; sie fügt da sogar noch Umwege ein, um zu entdecken, was es an Neuem hier und da gibt. Der Spazierweg dauert dann zweieinhalb Stunden und zieht sich über 14 Kilometer hin. Dass eine solche Aktion auch die Gesundheit fördert, ist für sie kein Thema.

Schwelle „Muße und Genuss" S3

Ohne dass Erika es so genannt hat, sehe ich darin auch einen ganz normalen Dienstweg. Schließlich ist Raum- und Verkehrsplanung ihr Metier. Und hier ist sie mitten im Geschehen ihrer dienstlichen Praxis.

Keinen Unterschied sieht sie für Land- oder Stadtbewohner sich gesellschaftlich oder gemeinschaftlich zu engagieren. Damit Kinder sich entfalten können, muss man ihnen Freiheiten lassen, aufm Land und in der Stadt. „Wobei? Ab 13 Jahren ist für Heranwachsende das Wohnen aufm Land uninteressant, eine Wüste."

„Und für Senioren?," frage ich.

Erika wird da ebenso deutlich wie bei den Teenagern. „Auf dem Lande fürcht ich schon, geht ohne Auto nichts, und das können die Leute ja so bis 85 Jahren fahren."

Sie plädiert für ein kleinteiliges Netzwerk zur Nachbarschaftshilfe. Angebracht wäre es nach ihrer Meinung auch für die Stadt aber nicht dringend notwendig.

Schwelle „Nachbarschaftshilfe" S2

Dafür ist die Versorgungssituation für Lebenshaltung, Arzt, Apotheke, Kultur zu günstig.

Preisgünstiger sind aufm Land nur die Bodenpreise. „Dennoch," meint Erika, „die Versuchungen zur Geldausgabe sind auf dem Lande viel geringer als in der Stadt."

Düsseldorf und Umland

Henriette ist Stadtplanerin in Düsseldorf

„Für die Initiative der Landesregierung „StadtUmland.NRW"
bin ich hier in der Landeshauptstadt zuständig." Meinen
fragenden Blick bewegte Henriette zu einer Erläuterung:
„Mit dieser Initiative beabsichtigt das Ministerium für
Bauen, Wohnen, Stadtentwicklung und Verkehr des Landes
Nordrhein-Westfalen, die Großstädte des Landes und ihre
Nachbarkommunen zu mehr Kooperation anzuregen." Der
Anreiz dafür hätte eindeutig in der Vergabe von Fördergeld
für das Projekt gelegen, meinte sie. Warum sollten die
Regionsvertreter sich auch sonst treffen!

Dabei vereinigt Henriette schon zwei Regionen in sich: Sie
wohnt in Köln und arbeitet in Düsseldorf. In der
Spionageszene würde man von einem Maulwurf sprechen.
Soll ein Scherz sein!
Köln und Düsseldorf haben als Großstädte am Rhein jede für
sich schon einen hohen Lebenswert, bieten Anregungen
ohne Ende. So sieht Henriette hier auch ihre Orte der
Wunscherfüllung, wenn sie von einem Café aus zugucken
kann, wie lebendig es vor ihr zugeht – ohne dass sie selbst
Stress hat. Als begeisterte Radfahrerin sieht sie, dass noch
einiges an Radstrecken downtown als auch Fernradwegen zu
infrastrukturellen Höhen nötig ist.
Wie wahr!
Wer einmal mit dem Rad in Wien unterwegs ist, im Zentrum,
in den Randbezirken, auch auf EuroVelo 6, dem Donau-
Radweg, weiss wovon ich spreche. Die Infrastruktur für

Radfahren ist in Wien um ein Vielfaches ausgeprägter als in den uns hier interessierenden Städten Düsseldorf und Berlin. Dennoch ist in Wien die Menge an Radfahrern überschaubar. Mir scheint Wien jetzt schon die Stadt mit der höchsten Dichte an Plattenreparaturwerkstätten zu sein. Es gibt bei den Übergängen Straße-Bürgersteig keinen überzeugenden Niveauausgleich. Ein Härtetest fürs Rad kommt beim Überqueren der Straßenbahn-Schienen noch hinzu.
Auch hier von Niveauausgleich keine Spur!

Schwelle „Radfahr-Infrastruktur" S2

Eine erfüllende Arbeit findet sie an ihrem aktuellen Arbeitsplatz. Bedingt durch ihre Arbeitsaufgaben, nutzt sie auch die Möglichkeiten zu einem gesellschaftlichen und gemeinschaftlichen Engagement.
Die Orte der Ruhe, der Muße sind für sie auch nicht weit. Sie genießt den weiten Blick am Rhein. Auch zu Waldtouren fühlt sie sich hingezogen.

Schwelle „Muße" S3

Bei der Frage nach der rechten Entfaltung der Kinder 'aufm Land' oder 'in der Stadt' tendiert sie zur Nutzung der städtischen Möglichkeiten. Die Anregungen und damit das 'neue Dinge kennenlernen' sind ungleich häufiger und differenzierter als im ländlichen Raum. Hinzu kommt für Düsseldorf, dass die KiTa-Plätze für die Eltern kostenfrei sind; alle Umlandgemeinden nehmen aber Gebühren um 350 Euro je Monat.

Schwelle „Kinderentfaltung" S2

Ein solcher Betrag frisst die gegenüber der Stadt reduzierten Mieten wieder auf.

Diese – genauso wie die Hauskäufe – sind echte Lebensvorteile des Ländlichen. Noch Ringeltauben sind für Henriette Absprachen zum Wohnungstausch. Einer ist ihr bekannt: Ein älteres Paar verkauft ihr barrierevolles Haus (Treppen, Bad, enger Flur) und zieht in eine barrierearme Mietwohnung im Parterre (nur noch zwei Stufen vor der Haustür) mit S-Bahn-Halt in Sichtweite.

Schwelle „Wohnungstausch" S2

Normalerweise sind die sog. Kleinen Wege 'aufm Land' kaum zu verwirklichen. Nichts geht, was man in Minutenschnelle erledigen kann. Ganz anders die Stadt mit ihren zahlreichen infrastrukturellen Gegebenheiten.

Das geht weiter mit der rechten Wahl des Gefährts. Auch für sie ist das Auto 'aufm Land' unabdingbar. Das bedauert sie, wo sie doch so gern ihr Fahrrad als Vehikel besteigt. Henriette nutzt ein erstes Rad an ihrem Wohnort, ein zweites an ihrem Arbeitsplatz, also Strecke an jedem Arbeitstag „Wohnung/ Rad – Bahn – Rad /Arbeitsplatz".

Schwelle „Radnutzung" S3

'Aufm Land' zu sein heisst für sie, sich in der 'Zwischenstadt' zu bewegen, „mit einer Langeweile ohne Ende". Das stellt Henriette nüchtern fest. Ich ahne, dass sie schon die Zukunft antizipiert. Nun, ihr Job ist Raumplanung.

Schwelle „Zwischenstadt S1

A N N E X B

Wohnformen für 'aufm Land' und 'in der Stadt'
- ein offenes Listing als Anregung

Wohnen für Miete

Wohnen und Atelier

Wohnen als Eigentümer

Wohnen in Gemeinschaft

Wohnen und Studio

Wohnen und Café

Wohnen für Hilfe

Wohnen und Boutique

Wohnen auf Zeit

WG bzw. Community

Wohnen und Sport

Wohnen und Theater

Wohnen und Arbeit

Wohnen und Musik

Wohnen und Werkstatt

Wohnen und Geld verdienen

Wohnen und Gesundheit

Wohnen und Sicherheit

Wohnen und Kinderhort

Wohnen und Geselligkeit

Wohnen und Ferienlager

Wohnen und Projektwoche

Wohnen und Bücherzirkel

Wohnen und
  Aktivitätsmanagement

Wohnen und Bauernhof

Wohnen und Laden

Wohnen und ...

Im Einzelnen

Wohnen für Miete

Die weitaus verbreiteste Art zu wohnen. Zwischen einem Vermieter und einem Mieter wird das Wohnen ohne zeitliche Befristung vereinbart.

Wohnen als Eigentümer

Bei genügendem Kapital nutzt der Eigentümer seine Wohnung für sich selbst.

Wohnen in Gemeinschaft

Hier finden - zumeist ältere Leute - zu einem gemeinschaftlichen Wohnen zusammen. Diese Wohninteressenten sind bestrebt, über das Wohnen hinaus gemeinsame Vorhaben zu initiieren und durchzuführen.

Wohnen für Hilfe

Zumeist ein Miteinander-Wohnen einer älteren und einer jüngeren Person über einen definierten Zeitraum. Die jüngere Person leistet für die ältere Person Haushalts- und Kommunikations-Dienste und wohnt dafür (fast) gratis.

Wohnen auf Zeit

Meist aus beruflichen Gründen z.B. Praktikum oder Projektdauer werden diese Vereinbarungen getroffen.

WG bzw. Community

In der Regel wohnen hier Studenten oder jüngere Mitarbeiter von Unternehmen in Zweier- bis Fünfer-Größe, aber jede Person in eigenem Zimmer. Die Küche ist dabei der zentrale Ort für Geselligkeit.

Wohnen und Arbeit

Eine stetig steigende Anzahl von Unternehmensmitarbeitern nutzt die neuen Medien universell und arbeitet dann von Zuhause aus. Ebenso verfahren Selbständige, die für ihre Kundenkontakte heute kein Büro mehr anmieten müssen.

Wohnen und Werkstatt

Seit alters her findet sich diese Zusammensetzung, wo zwischen Wohnung und Werkstatt nur ein paar Schritte liegen.

Wohnen und Geld verdienen

Angelehnt an ein Vermittlungs-Portal wird das freie Zimmer in der Wohnung für zahlende Gäste zur Verfügung gestellt. In größeren Städten z.B. Messestädten kann die Ver-mittlung auch über den Service der Stadt-Touristik erfolgen.

Wohnen und Kinderhort

Geräumige Wohnungen mit einer Betreuungs-Person dienen als kleiner Kinderhort, in Ergänzung zu den KiTas der Stadt oder der Kirche.

Wohnen und Ferienlager

Ähnlich dem vorgenannten versteht sich dieses Angebot. Im Vordergrund stehen aber Freizeitaktivitäten mit der Be-treuungs-Person.

Wohnen und Projektwoche

Ähnlich dem vorgenannten gilt auch dieses, aber mit älteren Gruppenmitgliedern oder Erwachsenen.

Wohnen und Bauerhof

Stadtkinder und Stadterwachsene bekommen Sehnsüchte, wenn es darum geht, Bauernhöfe auch nur anzusehen. Andererseits stinkt's dort. Also: Mal wieder Tage auf dem Bauernhof verbringen!

Wohnung und Laden

'Wohnen und Werkstatt' war früher. Heute ist 'Wohnen und Laden'. Koppelung von persönlichen und virtuellen Kunden-kontakten in quasi-privater Atmosphäre.

Wohnen und Café

Sinnbildlich für 'Hier backt Muttern' oder 'Nach Omas Rezept' oder 'Eigene Produkte direkt zum Verzehr'.

Wohnen und Boutique

Herstellung, Anprobe, Verkauf direkt 'ab Werk' von der Fachfrau, dem Fachmann; eine persönliche Produkt-betreuung von Anfang bis Ende.

Wohnen und Atelier

Wohnen und Kunst – das hat was. Dort wo das Licht in Fülle hereinkommt, ist in der Regel das Atelier, also unterm Dach oder in Erweiterung der Terrasse.

Wohnen und Theater

Die Bühne auf der 'Tenne', der Terrasse, im Wohnzimmer!

Wohnen und Musik

Sie gibt es immer schon: Hauskonzerte, Singabende.
Wobei: Karaoke ist sicherlich eine Herausforderung,
für die Nachbarn.

Wohnen und Bücherzirkel

Mit dem Ziel sich mit Büchern auszutauschen ergeben sich Lesezirkel und Diskussionsrunden. Leben ist Begegnung, auch beim Wohnen!

Wohnen und Studio

Studio kann auch Kunstraum sein, ist aber eher Trainingsbereich für jedwede Kunst.

Wohnen und Sport

Indoor-Sport ist das eine. Das andere ist, dass der Sport vor der Haustür beginnt, mit der Runde um den Block oder um den Acker. Das gelingt am besten, wenn der Laufweg nach ein paar Metern schon in einen Naturweg übergeht.

Wohnen und Gesundheit

Das Zauberwort heisst 'Smart Wohnen'. Im Grunde ist es ein integriertes 'Ambient Assisted Living'. So heisst es auch, in Kurzform: AAL.
Das soziale Internet – beschrieben in Kapitel 5 unter Hinweis auf Telemedizin – ist dabei ein wesentlicher Baustein.

Wohnen und Sicherheit

Wie für 'Wohnen und Gesundheit' so spielt auch AAL bei 'Wohnen und Sicherheit' die tragende Rolle. Den Empfehlungen der Polizei zur Vermeidung oder Erschwerung von Einbruch sollte entsprochen werden.

Wohnen und Geselligkeit

Auf gute Nachbarschaft!

Wohnen und Aktivitätsmanagement

Als Moderationsstützpunkt bzw. -zentrale erfolgt hier die Koordination von Aktionen, Initiativen, überschaubaren Events und nachbarschaftlichen Hilfen.

Schluss-Hinweis zu ANNEX A und ANNEX B

Unser Blick in die Zukunft, was werden wird,
kann so oder so sein – und wir sind es, die unsere
Zukunft gestalten.

So mein Motto zu:
Lust auf Land vs. Lust auf Stadt ?
Die Schwelle ist die Quelle !

'Jeder Mensch ist ein Raumplaner!'.

Das zukunftsweisende Wort von Baltasar
Gracian y Morales von vor gut 350 Jahren
gehört auch dazu:

**„Die einzige Zeit, die wir wirklich beherrschen
können, ist die Zukunft. Sie können wir nach
unseren Wünschen formen."**

Karl Niemann im Herbst2017

Und nun:

Gib dich daran, für dich die rechte Entscheidung
zu finden, wo du wohnen willst:
'aufm Land' oder 'in der Stadt'.

Nutze die Schwellen-Methodik auch zur Klärung
von persönlichen Problemen, die dich drängen.

Tel   +49 - 152 - 28723156

Age Manager Karl Niemann Theol.

karl.niemann@agemanager.de
www.agemanager.de

Libellus – Reihe von Karl Niemann

Es liegen vor:

Libellus I
>   Liebe – ein Traktat

Libellus II
>   „... und verschwende dich nicht!"

Libellus III
>   Lust auf Land vs. Lust auf Stadt?
>   Die Schwelle ist die Quelle !

Lust auf Land vs. Lust auf Stadt ?
Die Schwelle ist die Quelle !

Dieser Libellus (Büchlein) greift emotional in dein Leben ein. Dies dadurch, weil der Autor die geschilderten Lebensberichte von Leuten 'aufm Land' und 'in der Stadt' mit einem rationalen Entscheidungs-Moment, der Schwelle kontrastiert; jene kann Hindernis aber auch Sprungbrett sein, für jeden, für dich!

Warum nicht eine Zeitlang (auch länger) hier wie dort leben, in neuen Wohnformen, wo gerade die Beziehungen zu anderen ein verstärktes Augenmerk erfahren. Was natürlich zu Konsequenzen für Raumplanung, Architektur und Investivverhalten führt.

Für diese Entscheidungen zur Mobilität, zur Bewegung und damit zur Begegnung hat der Autor die Schwellen-Methodik entwickelt. Sie erfasst die Gefühls- und die Verstandes-Welt und führt geradewegs in die Umsetzung, die Realisierung, was du wirklich willst.